소그룹
상담리더십

# 서론
## - 마음을 따뜻하게 하는 소그룹 -

하재성 교수 | 고려신학대학원 목회상담학

　복음서를 읽을 때 상담자의 눈에 비치는 예수님의 마음은 말 그대로 따뜻한 긍휼의 마음이었습니다. 낮고 병든 한 사람을 대하실 때마다 예수님의 말씀에서는 따뜻한 마음이 우러나옵니다. 우리 주님의 마음에 귀 기울여보면 따뜻한 긍휼의 심장 소리를 들을 수 있습니다. 그 예수님을 통해 하나님과 성령님을 만날 때, 우리를 향한, 도저히 헤아릴 수 없는 깊은 사랑과 인격적인 따뜻함을 느낄 수가 있습니다.
　교회는 이처럼 삼위 하나님의 긍휼과 사랑을 느끼고 경험하는 곳이어야 합니다. 특히 교회의 소그룹은 세상과 만나는 출입문으로서, 다른 어떤 부서나 모임보다 따뜻한 돌봄과 긍휼이 가장 필요한 곳입니다. 왜냐하면 하나님을 잘 모르는 사람들도 우리가 서로 이해하고, 존중하며, 사랑하는 모습을 통해 하나님을 볼 것이기 때문입니다.

　그런데 교회 안에서 우리가 서로 너무 편하게 생각하다 보니, 말로나 행동으로 쉽게 서로에게 상처를 주거나, 다른 사람의 영혼을 낙심하게 하는 일이 허다합니다. 우리의 훈련되지 않은 인격과 말 습관 때문에, 세상의 다른 어떤 곳보다 외려 교회의 만남에서 더 많은 상처를 입게 됩니다.

"뭘 그렇게 걱정하세요? 기도하시면 되지! 기도를 안 해서 그래요."
"과거에 조상을 섬긴 죄 때문에 아이가 문제아가 되는 거예요."
"그건 남편 분이 사탄에게 속아서 그런 거예요."
"저도 그 정도는 다 겪어 봤어요. 뭘 그런 것 가지고 그러세요."

사실 우리가 출석하는 교회에서 이런 말들은 너무나 쉽게 들을 수 있습니다. 그리고 이런 말들이 얼마나 상처를 주는지에 대해 큰 문제의식을 갖지도 않습니다. 신앙적으로 말을 해 준다면서도 우리가 쉽게 내 뱉는 한 마디 말이, 사실은 연약한 상대방의 마음에 차갑고 날카로운 비수가 되어 꽂히는 일이 너무 많은 것 같습니다. 참 마음이 아픈 일입니다.

그러나 우리 예수님을 한 번 생각해 보십시오. 예수님은 말씀 한마디에 하나님의 사랑과 능력을 담아 내셨습니다.

"내가 원하노니 깨끗함을 받으라!"(마태복음 8:3)
"작은 자야 안심하라 네 죄 사함을 받았느니라"(마태복음 9:2)
"안심하라 내니 두려워하지 말라"(마태복음 14:27)
"내가 무리를 불쌍히 여기노라"(마태복음 15:32)

정말 놀랍지 않습니까? 문둥병 환자, 중풍병 환자, 두려움에 사로잡힌 제자들, 그리고 배고픈 군중들에게 이렇게 복된 말씀들을 하실 수 있다는 사실만으로도 예수님은 성령 충만하신 하나님의 아들이심이 분명합니다. 왜냐하면 이렇게 따뜻하고, 친절하고, 순결하고, 완전하고, 또 보배로운 말씀으로 한 영혼을 온전히 살리고 회복시킬 수 있는 분은 오직 예수님밖에 없기 때문입니다.

이제 우리도 그 예수님을 본받아 살아야 하겠습니다. 이루 헤아릴 수 없을 만큼 깊고 보배로운 예수님의 말씀 한 마디 한 마디를 우리가 닮아가야 하겠습니다. 예수님께 기름 붓듯 충만하신 성령님으로 충만해야 하겠습니다. 그리고 그 충만한 은혜의 열매들을 우리 소그룹에서 맺어야 하겠습니다.

교회의 큰 모임들과 달리, 교회의 소그룹은 성도 개개인의 사정과 형편을 상세하고 나누고 돌보아야 하는 곳입니다. 그만큼 이야기가 풍성한 곳이면서, 동시에 위험한 곳이기도 합니다. 왜냐하면 자신의 이야기를 한 후 후회하는 사람들이 많기 때문입니다. 우리 교회 소그룹은 힘든 사람들이 와서 어려운 사정을 이야기할 때, 자신이 힘든 이야기 한 것을 후회하지 않는 안전한 소그룹이 되어야 합니다.

"역시 제가 제대로 찾아 온 것 같아요! 저의 힘든 이야기들을 잘 들어주시고, 다들 따뜻하게 격려해 주셔서 제 마음이 한결 편안해졌거든요!"
이런 따뜻하고 인격적인 소그룹을 만들어가기 위해, 먼저 믿은 우리 소그룹 리더들과 구성원들이 "소그룹 상담 리더십"을 통해, 삼위 하나님의 인격을 배우고, 그 인격을 본받아 실행할 수 있었으면 좋겠습니다.

　이 교재는 교회 소그룹 구성원들이 어떻게 서로를 더 인격적으로 이해하고 존중할까를 고민하는 가운데 만들어졌습니다. 그리고 실제로 부천참빛교회에서 성도들과 함께 공부했던 교재입니다. 과거 성경 구절들만 제시하면서 빈칸을 채워가는 다른 교재들과 달리, 모든 질문에 대한 대답들을 바로 아래에 풍성하게 설명하고 있습니다. 그래서 어떤 소그룹이든, 어떤 형편의 소그룹이든, 모두가 함께 천천히 읽어가는 것만으로도 큰 유익이 될 것입니다.

　다만 이 교재를 사용하시는 리더들에게 꼭 부탁드리는 것은, 각 과에 나와 있는 [토의질문]들에 대해 소그룹 구성원 모두에게 공평하게 말할 수 있는 기회를 주시기 바랍니다. 그리고 각 과의 끝에 나와 있는 [한 주간 실천사항]들은 모두가 반드시 실천하고 점검해야 할 중요한 과제들입니다. 왜냐하면 여기 있는 실천사항들은 누구나 일상생활에서 실천할 수 있는 구체적인 과제들이기 때문입니다. 새로운 과를 시작하기 전에, 서로 돌아가면서 자신이 수행한 과제에 대해 꼭 나눌 수 있도록 지도해 주시기 바랍니다.

　예수님의 긍휼의 마음이 이젠 우리 혈관의 피가 되어, 우리 소그룹들도 따뜻한 긍휼의 심장으로 이웃과 교회를 섬겼으면 좋겠습니다. 따뜻한 돌봄의 언어는 천국의 언어입니다. 특히 교회들마다 소그룹 리더들과 구성원들이 이런 인격적인 언어로 훈련되어 있다면, 교회의 소그룹은 천국의 회복을 경험하는 곳이 될 것입니다. 변화된 그리스도의 인격과 마음으로 서로를 돌보고 섬기는 일에 이 작은 훈련 책자가 큰 도움이 되기를 기도합니다.

2013년 10월 25일
미국 칼빈 신학교에서
저자 올림

**저자 약력**
- 고려신학대학원 졸업(M.Div)
- 총신대학교 대학원 졸업(Th.M)
- 공군군목 역임
- 미국 칼빈신학대학원 졸업(Th.M)
- 미국 밴더빌트 대학교 졸업(Ph.D)
- 현 고려신학대학원 목회상담학 교수
- 현 부천참빛교회 기관목사
- 저서 강박적인 그리스도인

교회 소그룹을 위한 상담적 대화 1

소그룹 상담 리더십

C O N T E N T S

서론 · 2

차례 · 5

본문

[제1과] 우리 소그룹 모임에는 위로가 있습니다 ... 7
[제2과] 우리 소그룹 모임에서는 인격과 인격이 만납니다 ... 12
[제3과] 우리 소그룹은 서로의 이야기를 경청합니다 ... 19
[제4과] 우리 소그룹은 성부 하나님의 인격을 닮아갑니다 ... 28
[제5과] 우리 소그룹은 하나님의 인격적인 대화를 닮아갑니다 ... 34
[제6과] 우리 소그룹은 성자 예수님의 인격을 닮아갑니다 ... 42
[제7과] 우리 소그룹은 한 사람을 천하보다 귀하게 여깁니다 ... 49
[제8과] 우리 소그룹은 성령님의 인격을 닮아갑니다 ... 58
[제9과] 우리 소그룹은 성령의 열매를 맺어갑니다 ... 65
[제10과] 우리 소그룹은 성령님의 충만함을 사모합니다 ... 74
[제11과] 우리 소그룹은 성령께서 주시는 거룩한 윤리를 지킵니다 ... 82
[제12과] 우리 소그룹은 지혜로운 소그룹으로 자라 갑니다 ... 92
[제13과] 우리 소그룹은 우선 경청하고 신중하게 판단합니다 ... 100
[제14과] 우리 소그룹은 사랑과 축복으로 이끌어 줍니다 ... 108
[제15과] 우리 소그룹은 모든 결과를 하나님께 겸손히 맡깁니다 ... 113

소그룹  
**상담 리더십**

# 우리 소그룹 모임에는 위로가 있습니다.

**주제 1** 우리 교회 소그룹은 서로를 위로하는 공동체이다.
**주제 2** 우리 소그룹에는 가장 확실한 위로와 치료의 자원이 있다.

### 1. 우리 소그룹은 하나님의 백성을 위로합니다.

하나님께서는 선지자 이사야를 통해 그 백성들을 위로하라고 명령하셨습니다.

이사야 40:1-2을 읽어 보세요.

> 너희의 하나님이 이르시되 너희는 위로하라 내 백성을 위로하라 너희는 예루살렘의 마음에 닿도록 말하며 그것에게 외치라 그 노역의 때가 끝났고 그 죄악이 사함을 받았느니라…

A. 위의 구절에서 노역이 끝나고 죄가 사함 받았다는 그 기쁜 소식을 어디에 닿도록 말하고 외쳐야 합니까?

_____

선지자 이사야 시대의 이스라엘은 우상을 숭배하고, 악을 행하며, 하나님을 저버린 죄로 인해 무서운 심판과 포로의 경고를 받았습니다. 미래에 그들은 왕과 귀족들과 백성들까지 슬피 울며 쇠사슬에 묶여 포로로 끌려가는 심판을 받게 될 것입니다. 놀라운 것은 아직 그들이 심판을 받기도 전에, 하나님께서는 선지자 이사야를 통해 "성급히" 그들을 위로하고 계십니다. 마치 과거의 사건을 말씀하듯 그들의 포로 생활이 분명히 끝날 것을 예언하고 있습니다.

모든 사람들은 위로에 목말라 있습니다. 특히 우리 시대의 현대인들에게는 위로가 필요합니다. 답답하고 힘들 때 자신을 지탱해 줄 위로가 있어야 합니다.

그리고 위로는 우리의 마음까지 와서 닿아야 합니다.

위로는 컴퓨터나 기계를 자동화시키는 입력정보가 아닙니다. 위로는 그것을 받는 사람의 마음에 선명하게 그려집니다. 살아있는 인격체의 마음에 닿아서, 여린 마음을 어루만지고, 상한 마음을 치료하고, 새로운 희망과 삶의 용기를 줍니다. 그러므로 위로는 위로를 받는 사람의 마음에 와서 닿아야 합니다. 위로는 예루살렘의 마음에 와 닿아야 했습니다.

우리는 이 시대를 살아가는 하나님의 백성들을 위로해야 합니다.

현대의 많은 남성들은 위로가 필요하여 술이나 담배나 향락을 찾습니다. 또한 여성들은 위로가 필요하기에 친구나 쇼핑을 좋아하기도 합니다. 청소년들은 또한 연예인이나 스마트폰 게임에 빠져들기도 합니다. 너무나 괴롭고 힘들어 잠들 수 없어서 달콤하게 잠들기 위해 중독성의 약물을 찾는 사람들도 많아졌습니다.

담배를 끊기가 그렇게 힘든 이유는 그들에게 담배란 기호식품 그 이상이기 때문입니다. 막상 담배를 끊으려고 결심해보지만 담배 없는 자신의 모습을 상상하기 힘듭니다. 그들은 답답할 때 담배를 찾았습니다. 기분이 좋을 때도 담배를 찾았습니다. 슬픈 초상집에 가서도 담배를 찾았습니다. 화가 날 때도 마찬가지 입니다.

그러고 보니 삶의 모든 구비구비에 따뜻한 연기가 자기 몸 속에서 자기를 위로해 주었습니다. 그들에게 담배가 곧 상담자였고, 또 연기가 불안을 달래 주는 자기 몸의 위로자였습니다. 그것 없이 어떻게 살 수 있겠습니까?

그러나 흡연은 만병의 뿌리입니다. 거짓된 위로자 입니다. 흡연은 일만 악의 근원으로서 탈모, 피부노화, 백내장, 폐암, 호흡기질환, 혈관질환, 중증질환, 발기부전을 일으킵니다. 금단증상이 있으면 신경과민과 불안, 우울증, 두통 등등 이루 셀 수조차 없는 질병을 일으키는 무서운 습관입니다. 그것을 술도 마찬가지 입니다.

어떤 이들은 또 음식으로 위로를 받으려 합니다. 과다하게 음식을 섭취하는 사람들을 보면 외롭거나 사랑에 굶주린 이들이 많습니다. 정신적으로 보면 그들은 사랑으로 허기진 배를 음식으로 채우려고 끝없이 먹고 있습니다. 하지만 음식을 먹고 또 먹어도 배는 여전히 고픕니다.

담배 연기로, 술과 같은 액체로 몸 안에 채웁니다. 하지만 위로는 되지 않고 외려 해가 됩니다.

심지어 멀쩡한 머리카락을 뽑거나, 피가 나도록 손톱을 입으로 뜯으면서 위로나 쾌감을 느끼는 사람들도 있습니다. 다른 데서 받지 못하는 위로를 아픈 행동을 통해 받으려 합니다. 하지만 자기도 아프고, 다른 사람들에게는 이상하다는 말만 듣게 됩니다.

많은 사람들이 얼마나 위로 받고 싶어 하는지 모릅니다. 그런데, 참된 위로를 찾지 못한 채 전혀 갈증이 해소되지 않는 바닷물로 목을 축이고 있습니다.

우리는 그들에게 노역이 끝나고 죄가 사함 받았다고 외쳐야 합니다.

그리스도 안에서, 그를 믿는 자들의 모임 안에 위로가 있음을 알려야 합니다.

하나님의 백성들을 위로하십시오.

**토의질문 1.**

위의 이야기에 덧붙여 오늘날 현대인들은 또 어떤 것들을 통해 위로를 받으려 하는지 이야기해 보세요. 그것이 주는 위로의 한계나 위험은 무엇입니까? 예를 들어 수다를 통해 스트레스를 해소하는 분들에게 "혹시 저 사람은 이렇게 부정적으로 이야기하는 나를 어떻게 생각할까?"라는 두려움이 있지 않을까요?

## 2. 우리 소그룹에는 참된 위로가 있습니다.

한 번은 호주 시드니에서 엄마를 잃은 혹등 고래가 발견되었습니다. 그 새끼 고래는 큰 보트를 엄마인 줄 착각하고, 마치 젖을 찾듯이 배 밑창을 쿵쿵 치면서 항구까지 따라왔습니다. 불행하게도 너무 영양 상태가 좋지 못하고 부상을 많이 입어서 그 새끼고래는 안락사 되었습니다. 그 새끼고래에게는 진짜 엄마가 필요했습니다.

신학자 칼빈은 그의 중요한 저서 [기독교강요 4권]에서 교회를 모든 믿는 자들의 어머니라고 하였습니다. 어머니, 그 분의 몸 속에서 우리가 생명체가 되고, 그 분으로 말미암아 우리가 양육된 것처럼, 우리가 그리스도인으로서 새 생명을 얻고 성숙할 수 있는 것은 어머니인 교회 덕분입니다. 교회는 사랑이 많은 엄마와 같습니다. 거기에 위로와 은혜가 있어야 합니다.

마음과 몸과 영혼이 아픈 많은 사람들이 교회에 찾아 옵니다. 우리는 그들이 아프다고 하는 말을 그대로 믿어 주어야 합니다. "믿음이 없다"고 단순히 판단해버리거나 업신여겨서는 결코 안됩니다. 모든 사람들의 아픔은 전부 다릅니다. 똑 같은 아품의 사례라는 것은 있을 수 없습니다. 그러므로 그들의 아픔을 다 아는 것처럼 큰 소리 치지는 마십시오. 하지만 그들을 위한 참된 위로는 분명히 우리 교회에 있습니다. 그리고 교회 안의 작은 모임과 소그룹 공동체에 그 치료의 자원들이 있습니다. 왜냐하면 교회 공동체는 하나님의 영이 거하시는 신약시대의 성전이기 때문입니다.

고린도전서 3:16을 읽으세요.

"너희는 너희가 하나님의 성전인 것과 하나님의 성령이 너희 안에 계시는 것을 알지 못하느냐?"

B. 위의 구절에 따르면 신약시대에 새롭게 제정된 하나님의 성전은 무엇이라고 하였습니까?
➡ _____

C. 위의 구절에 따르면 우리 안에 계시는 분은 누구입니까?
➡ _____


마태복음 18:20을 읽으세요.

"두 세 사람이 내 이름으로 모인 곳에는 나도 그들 중에 있느니라."

D. 위의 본문에서 우리 예수님께서 함께 계시는 소그룹의 단위는 몇 명입니까?
➡ _____

E. 누구의 이름으로 모였을 때 주님은 그들 중에 계십니까?
➡ _____


이것은 주님의 이름으로 모이는 우리 소그룹에 대한 참으로 놀라운 약속입니다. 놀랍게도 우리 주님께서는 두 세 사람이 함께 모인 작은 소그룹에도 임재하시고 함께 계신다고 하셨습니다.

그러므로 우리는 교회와 소그룹에 대한 자신감을 가지고 있어야 합니다. 성도들이 함께 모이는 교회 공동체는 하나님의 성령께서 거하시는 거룩한 성전입니다. 두 사람이 모인 그 곳도 예수님께서 함께 영적으로 임재하신 곳입니다.

이 사실은 우리 교회의 작은 모임들의 중요성을 더욱 확실하게 합니다. 그곳에 하나님의 영이 임재하여 계시기 때문입니다. 말씀과 기도를 통해, 교제와 대화를 통해 구원과 위로와 치료가 나타나기 때문입니다. 생명의 회복과 삶의 소망이 감격스럽게 나타납니다.

우리는 가장 확실한 치료제와 위로의 자원들을 가지고 있습니다. 남들에게 있는 그 어떤 것이 아니라, 바로 오늘 우리 안에 있습니다. 마치 주님께서 "(다른 마을에) 갈 것 없다. 너희가 먹을 것을 주라" (마태복음 14:16) 고 말씀하신 것처럼 말입니다.

### 토의질문 2.

우리 교회와 소그룹 공동체에 있는 참된 위로를 언제 느끼거나 경험하셨습니까? 긍정적인 경험들을 함께 나누어 봅시다.

---

#### 한 주간 실천사항 1

▶ 힘들어하는 한 사람을 직접 찾아가서 하나님의 사랑으로 위로해 주세요.

#### 한 주간 실천사항 2

▶ 자신의 힘든 이야기를 말해 주는 사람에게 소그룹의 모든 가족들이 빠짐 없이 한 마디의 위로와 격려를 해 주세요. "그렇게 힘든 이야기 해 주셔서 너무 감사해요." "우리를 믿고 말씀해 주셔서 고마워요." "그렇게 힘든 이야기를 할 때 용기가 많이 필요하셨을 거에요." "비밀을 잘 지키고, 기도할 때만 이 이야기를 생각하겠습니다." 등등.

## Lesson 2과 우리 소그룹 모임에서는 인격과 인격이 만납니다.

**주제 1** 참된 위로는 한 인격이 성숙한 다른 인격을 만날 때 이루어진다.
**주제 2** 참된 위로를 전달하는 중요한 한 가지 길은 그 사람을 소그룹으로 직접 초청하는 것이다.

### 3. 인격과 인격이 만나서 참된 위로가 이루어집니다.

어떤 신학자의 말처럼 창세기는 창조가 어떻게 이루어졌는가에 초점을 맞춘 말씀이 아니라, 창조의 완성 곧 안식에 초점을 맞춘 것입니다. 여기서 안식이란 에덴동산에서 하나님과 인간의 교제와 동행을 가리킵니다. 하나님께서 궁극적으로 기대하신 것은 창조를 마치시고 동산을 거니시며, 자기 형상대로 만든 인간과 함께 교제하는 것이었습니다. 그것이 예배의 본질이기도 합니다. 하나님의 인격과 사람의 인격이 만나 서로 대화하고 동행할 때 창조는 완전하게 완성되었습니다

이를 위해 하나님은 인간을 매우 특별하게 창조하셨습니다.

창세기 1:27을 읽으세요.

*"하나님이 자기 형상 곧 하나님의 형상대로 사람을 창조하시되 남자와 여자를 창조하시고."*

A. 우리의 외모와는 상관 없이, 남녀 성의 구별 없이, 우리 모두는 누구의 형상대로 창조되었습니까?
➡

우리는 하나님을 닮은 인격체로 창조되었습니다. 그러나 인간은 불순종과 죄로 말미암아 서로에게서 소외되고, 병들고, 외롭고, 고통스럽고, 연약하여졌습니다. 서

로 만나도 즐거운 게 없고, 결혼해서 살아도 행복하지 않습니다. 그런 삶이 정상적인 보통의 삶이 되어버렸습니다. 그래서 신학자 존 칼빈은 인간의 타락을 가리켜 다음과 같이 표현하였습니다.

"오직 일그러지고 뭉그러져 버리고 병들어 버린 것만이 남았다."

하나님의 형상은 일그러지고, 의지와 이성과 인격이 병들었습니다. 하나님과의 관계는 물론이고 이웃, 가족과의 관계까지도 부패하고 병들어 뒤틀어졌습니다.

그렇게 병든 인격은 완전한 인격을 만나야 치료할 수 있습니다. 진정한 위로와 치료는 하나님을 닮은 성숙한 인격을 만날 때 이루어집니다. 그 완전한 인격은 누구이며, 인격의 완전한 변화와 성숙은 어디에서 올까요?

고린도후서 5:17을 읽어 보세요.

> 그런즉 누구든지 그리스도 안에 있으면 새로운 피조물이라 이전 것은 지나갔으니 보라 새 것이 되었도다

**B.** 우리 믿음의 가족 개개인과 소그룹 공동체는 어떤 조건에서 새로운 피조물입니까?

➡ _____

*참고로 우리는 현재 이미 새로운 피조물입니다.

누구든지 그리스도 안에 있으면 인격과 존재에서 새로운 피조물입니다. 물론 신분은 즉시 하나님의 자녀가 됨에도 불구하고 인격의 회복은 상당한 시간이 걸리는 것도 사실입니다. 분명한 것은 우리의 병든 인격이 그리스도의 인격을 만나면 존재에서, 인격에서, 관계에서 새로운 하나님의 형상으로 회복됩니다.

하지만 병든 인격이 그리스도를 만나기 위해서는 먼저 믿는 사람의 사랑과 도움이 필요합니다. 복음이 필요하고, 그 복음을 전하기 위하여 인격적인 관계가 필요합니다. 그리스도 안에 있는 인격체와 공동체를 만날 때 비로소 한 사람 속에 그리스도에 대한 믿음이 견고하게 자라갈 수 있습니다.

지난 백여 년 동안 괄목할만한 발전을 이룬 목회상담(pastoral counseling)은 중요한 메시지를 우리에게 줍니다. 한 사람의 아픈 인격은 성숙한 상담자의 인격으로 치료할 수 있다는 것입니다. 비록 어린 유아기로부터 오랫동안 사랑을 받지 못해 병든 사람이라 하더라도 건강하게 치료될 수 있습니다. 성숙한 인격을 가진 사람이 이해

와 공감으로 그 사람을 받아 주기만 한다면 말입니다.

예를 들어 도널드 위니컷이란 사람은 환자가 찾아올 때 자기가 직접 출입문을 열어 주곤 했습니다. 환자가 치료자의 그 작은 행동에서 자신이 대단한 존재임을 다시 느끼게 하려는 노력이었지요. 하인츠 코헛은 환자의 입장이 되어 그 사람을 이해하고 받아 주면 때로 매우 신속하게 마음의 상처가 아물게 된다고 말하였습니다. 왜냐하면 아픈 사람이 공감과 사랑을 통해 건강한 사람의 인격을 자기의 것으로 내면화하기 때문입니다.

그러니까 교회 공동체의 따뜻한 한 번의 환대와 영접이 우리가 상상하는 그 이상의 치료를 가져올 수 있습니다. 소그룹 가족들의 작은 친절과 환대가 다른 사람을 새로운 피조물이 되도록 동기부여 하고 감동시킬 수 있습니다. 한 사람의 인격은 그리스도 안에 있는 또 다른 사람의 인격을 만나야 치료됩니다. 거기에 위로가 있습니다.

그러므로 맥가브란(Donald McGavern)의 말은 매우 의미심장합니다.

"사람들과의 관계는 하나님께 가는 다리다."

사람들이 하나님을 만나려면 먼저 당신을 만나야 합니다.

병약한 이들이나 불신자들은 대부분 먼저 그리스도를 믿는 그리스도인들과 그 공동체의 인격을 통해 회복되고 치료됩니다.

사랑이 많은 엄마나 아빠를 만난 아이들은 참 행복합니다. 왜냐하면 사랑을 통해 엄마나 아빠의 소중한 신앙이나 가치관을 자기의 것으로 삼기 때문입니다. 하지만 사랑을 받지 못하고 자란 사람도 크게 걱정할 필요는 없습니다. 그리스도 안에서, 즉 교회 공동체 안에서 그들도 얼마든지 회복의 사랑을 경험할 수 있기 때문입니다.

물론 그 과정은 생각보다 복잡할 수 있습니다. 하지만 그것은 분명히 회복입니다.

소그룹의 이해와 사랑은 위로와 회복의 통로입니다.

소그룹 가족들의 인격이 다른 인격을 위로할 수 있습니다.

예수 안에서 새롭게 회복된 당신의 인격이 상처 입은 영혼들을 도울 수 있습니다.

믿음으로 모인 소그룹의 장점은 인격성과 이해력입니다. 삼위일체 하나님을 믿고 그 은혜로 충만한 개인과 공동체는 인격적인 공동체입니다. 깊은 수용성으로 많은 사람들을 있는 모습 그대로 받아줄 수 있습니다. 우리가 하나님을 인격적인 존재라고 말할 때는 인간의 거절로 상처받을 수 있는 분이라는 뜻도 됩니다. 돌처럼 딱딱하신 분이 아니라, 살아 응답하시고, 유연하시고, 우리가 하나님을 인정할 때 기꺼이 환영하시는 분이라는 뜻입니다.

하나님의 인격성을 닮은 우리 소그룹은 사람들의 고통을 깊이 공감해줄 수 있습니다. 거기에 역동적인 믿음과 삶의 변화가 비로소 나타날 수 있습니다. 병들고 아픈 인격을 가진 사람들은 바로 그리스도를 믿는 나와 우리의 인격을 만나야 합니다.

### 토의질문 3-1.

나는 사람을 통해서 위로를 받은 적이 있습니까? 그 분은 어떤 분이었습니까? 그리고 내가 위로해 준 사람이 있다면 그것은 누구였습니까?

### 토의질문 3-2.

한 사람이 하나님을 만나는 데 있어서 인격적인 사람은 왜 필요합니까?

## 4. 위로와 치료의 시작은 초청입니다.

그러므로 우리는 끊임없이 사람들을 우리 교회, 우리 소그룹에 초청해야 합니다. 우리에게 위로와 치료의 자원이 있습니다. 그에 대하여 우리는 자신감을 가져야 합니다.

마가복음 6:37을 읽으세요.

> "대답하여 이르시되 너희가 먹을 것을 주라 하시니 여짜오되 우리가 가서 이백 데나리온의 떡을 사다 먹이리이까."

C. 제자들에게는 지금 손에 떡도 없었고 이백 데나리온의 돈도 없었습니다. 떡을 살 곳도 없었습니다. 그런데 그들은 누구와 함께 있었습니까?

➡

굶주린 오 천 명에 대한 해답은 예수님께 있었습니다. 그리고 제자들은 그 예수님과 함께 있었습니다. 오늘 우리도 예수님과 함께 있습니다. 우리에게 먹을 양식이 있고, 또 우리가 나누어 주어야 합니다.

세상의 상처 입은 영혼들을 치료하는 자원은 교회에 있습니다. 그리고 교회 안에 있는 우리 소그룹에 있습니다.

그런데 우리가 가장 두려워하는 것은 사람들을 초청했을 때 거절당하지 않을까 하는 것입니다. 괜찮습니다. 사람들은 우리에 대하여 모르기 때문에 거절하는 것이 당연합니다. 그래서 다시 초청하는 것입니다.

소그룹의 성장을 통해 큰 위로와 성장을 경험한 데이브 얼리는 우리에게 다른 사람들을 초청할 것을 강력하게 권유합니다. 부동산업을 하시는 분들도 한 사람의 고객을 얻기 위해 적어도 여섯 번의 진지한 만남을 가진다고 합니다. 다른 핑계를 대든, 아니면 여러분에게 면박을 주든 상관없이 다시 기도하고 용기를 내어, 만나서 다시 초청하십시오.

흔히 우리는 한 번 해 보고 안 되면 실패했다고 생각합니다. 그러나 그것은 성공으로 나아가는 힘든 계단 하나를 오른 것뿐입니다.

한 사람을 초청하는 일에 있어서 기도하고, 낙심하지 말아야 하겠습니다.

누가복음 18:1, 7을 읽으세요.

> 예수께서 그들에게 항상 기도하고 낙심하지 말아야 할 것을 비유로 말씀하여…내가 너희에게 이르노니 속히 그 원한을 풀어주시리라 그러나 인자가 올 때에 세상에서 믿음을 보겠느냐 하시니라

D. 우리는 기도에 낙심하지 말아야 합니다. 더구나 사람을 초청하면서 반복적으로 거절당해도 결코 낙심해서는 안됩니다. 낙심하는 대신 우리는 예수님께서 기대하시는 한 가지를 가져야 합니다. 예수님께서 오실 때 보기를 원하시는 그것은 무엇입니까?

➡ _____

누군가가 관심을 가지고 반복적으로 찾아와 주는 것은 초청받는 사람들에게 위로입니다. 자신감을 가지세요. 간절히 기도하고 낙심하지 마십시다.

데이브 얼리의 말처럼 교회에 찾아오는 한 사람은 기도 응답으로 하늘에서 뚝 떨어지는 것이 결코 아닙니다. 초자연적으로 교회 공동체에 찾아오는 사람은 1000명 가운데 한 명 정도이고, 나머지 999명은 초청받아서 옵니다.

이 확실한 위로의 공동체로 매 주일 누군가를 초청하는 습관을 가지십시오. 한 번 해 보고 멈추지 마시고, 인격적인 만남을 계속해 가십시오.

보험이나 은행업을 하는 분들도 거절 받을 각오를 하고 거듭 거듭 사람을 찾아 가서 기어코 자기 상품을 판매합니다.

우리가 가진 위로가 얼마나 확실합니까? 특별한 프로그램이 없어도 괜찮습니다. 돈을 들여 대단한 선물을 준비하지 않아도 괜찮습니다. 그리스도 안에서 새로워진 여러분 자신의 인격, 그리고 여러분 소그룹과 교회 공동체의 인격 자체가 치료제입니다. 이 분명한 확신 가지고 사람들을 거듭 초청해야 합니다. 절대 포기하지 마십시오.

한 번, 두 번, 세 번, 네 번, 그래도 안 되면 열 번이라도 다시 찾아가서 초청해야 합니다. 우리가 가진 복음과 치료의 자원, 그리스도 안에서 회복된 우리의 인격성은 너무나 확실한 것이기 때문입니다.

그러니까 가만히 있으면 결코 낯설고 병든 이웃의 인격을 치료해줄 수 없습니다. 그런 분들을 만나서 초청했을 때에만 서로가 이 위로를 깊이 경험하게 할 수 있습니다.

도널드 맥가브란의 말처럼 "사람들과의 관계는 하나님께 가는 다리입니다." 사람들이 하나님을 만나려면 반드시 먼저 당신을 만나야 합니다.

바로 당신입니다.

반드시 초청을 받아야 사람들은 오게 되어 있습니다.

### 토의질문4-1.

천 명 가운데 한 명을 제외하고는 사람의 초청을 받아 교회에 온다고 하는 사실은 오늘 우리에게 어떤 도전을 줍니까?

### 토의질문4-2.

누군가를 초청하려고 큰 마음을 먹었다가 막상 거절 당할 때 우리 마음은 사실 기가 꺾일 때가 많습니다. 상처 받을 것이 두려워서 다시 초청하기가 어렵습니다. 하지만 우리가 상처받을 준비를 하는 것만큼 인격적인 태도는 없습니다. 만일 포기하지 않고 다시 기도하고 초청하여 그 사람이 새롭게 되었을 때 내 마음은 어떨까요? 이 힘든 초청의 과정에서 우리 소그룹 가족들은 서로 어떤 도움을 주거나 받을 수 있습니까?

### 한 주간 실천사항 1

▶ 삶이 어려운 한 사람을 만나 인격적인 존중의 태도로 환대해 주세요. 만나면 웃으며 반겨주고, 얼마나 힘든지 꼭 물어 주세요.

### 한 주간 실천사항 2

▶ 이전에 초청을 거절했거나, 나오다가 낙심한 사람을 위해 기도하고, 어떤 모양으로든 그 분을 다시 소그룹에 초청하세요.

# 우리 소그룹은 서로의 이야기를 경청합니다.

**Lesson 3과**

**주제 1** 소그룹이란 구성원들이 서로 믿고, 자신의 이야기를 편안하게 할 수 있는 위로의 공동체이다.

**주제 2** 한 사람을 차별 없이, 있는 모습 그대로 받아주기 위해서는 나 혹은 우리의 좁은 편견을 부인해야 한다.

**주제 3** 인격적인 환대란 우선 이야기하는 사람을 향해 귀를 기울이고 고개를 끄덕이는 것이다.

## 5. 이야기 꽃이 사람을 위로합니다

인격과 인격의 부딪침은 우선 대화에서 시작됩니다. 대화는 인격적인 만남의 꽃과 같습니다. 향기롭고, 아름답고, 또 참신합니다. 이야기는 위로하고, 이야기는 치료합니다. 특히 믿음의 공동체가 성숙하게 다른 이들의 이야기를 들어줄 때, 이야기의 꽃은 피고, 거기에 위로가 나타납니다.

하나님은 인간과 대화하시기 위해 하나님의 형상대로 곧 인격적인 존재로 인간을 창조하셨습니다.

인간 창조는 특별했습니다. 다른 모든 만물과 짐승들은 하나님의 말씀으로 창조하셨습니다.

창세기 1:3을 읽으세요.

> 하나님이 이르시되 "빛이 있으라!" 하시니 빛이 있었고.

창세기 1:20을 읽으세요.

> 하나님이 이르시되 물들은 생물을 번성하게 하라 땅 위 하늘의 궁창에는 새가 날으라 하시고…

A. 위의 두 구절에서 하나님께서 빛과 생물들을 창조하신 방법은 무엇입니까?
➡

　하나님은 말씀으로 하늘과 땅을 창조하셨습니다. 하나님의 말씀은 그 입에서 선포될 때 곧 실체가 되었습니다. 전능하신 우리 하나님은 아무것도 없는 데서 아름다운 하늘과 땅의 모든 것을 만드셨습니다. 그런데 인간을 만드실 때는 특별한 과정 하나가 더 포함이 되었습니다. 곧 삼위일체 하나님께서 먼저 매우 특별한 인격적인 의논과 합의를 하셨다는 것입니다.

　창세기 1:26-27을 읽으세요.

> 하나님이 이르시되 우리의 형상을 따라 우리의 모양대로 우리가 사람을 만들고 그들로 바다의 물고기와 하늘의 새와 가축과 온 땅과 땅에 기는 모든 것을 다스리게 하자 하시고, 하나님이 자기 형상 곧 하나님의 형상대로 사람을 창조하시되 남자와 여자를 창조하시고.

B. 하나님은 인간을 만드시면서 삼위 하나님께서 서로 합의를 하십니다. 인격적인 관계가 삼위 하나님 안에서 이미 이루어지고 있습니다. 그렇다면 "우리의 모양대로"라는 말 속에는 하나님께서 인간이 어떤 인격적인 존재가 되기를 기대하셨던 것일까요?

　하나님은 우리 인간을 삼위 하나님처럼 만드셨습니다. 인격적인 존재로서 서로 대화할 수 있고, 서로 존중하는 가운데 합의할 수 있습니다. 대화를 통해 서로의 차이점을 수용할 수 있고 공통점을 기쁨으로 소통할 수 있는 인격적인 존재로 우리를 창조하셨습니다. 그 합의에 의해 하나님께서 하실 다스림의 일을 수행할 수 있습니다.
　하나님과의 관계에서, 그리고 인간과의 관계에서 이 대화가 막힐 때 인간은 병이 듭니다. 하지만 대화가 다시 회복될 때 인간은 위로와 생기를 회복합니다. 우리 소그룹은 그리스도 안에서 대화를 회복함으로써 하나님의 형상을 회복해 갈 수 있습니다.

어떤 심리학자가 내전으로 찢어진 르완다 난민들을 수용한 수용소를 방문하였습니다. 거기에는 전쟁의 틈바구니에서 어마어마한 학살과 잔학 행위의 비극을 경험 내지 목격한 여성들을 수용하고 있었습니다. 여성들은 한결같이 어둡고 짙은 마음의 병들을 안고 있었습니다. 무엇보다 잠을 잘 수 없었습니다. 불행하게도 그 수용소에서는 그 여성들이 보거나 경험한 것을 결코 이야기하지 못하도록 엄격하게 금지하고 있었습니다. 여성들의 병색은 더 짙어져만 갔습니다.

그 사람이 나무 하나를 정하여 '이야기 나무'라 불렀습니다. 그리고 거기에서 기다렸습니다. 하루 종일 기다렸지만 첫 날에는 한 사람의 여성도 오지 않았습니다. 그 다음 날 한 사람이 찾아와서 자신의 이야기를 하고 돌아갔습니다. 그 다음날에 다시 한 사람이 와서 이야기를 하고 돌아갔습니다. 또 한 사람, 또 한 사람…그 수용소에 생기가 다시 돌기 시작하였습니다. 이제 여성들은 잠을 잘 수 있게 되었습니다.

교회나 소그룹이 사람들에게 해 줄 이야기가 참 많을 것입니다. 무엇인가를 학습시켜야 한다는 강박적인 성향들이 강한 것도 사실입니다.

그러나 그 뿐만 아니라 별도의 시간을 만들어 꼭 이야기를 들어주는 시간이 있었으면 좋겠습니다. 노인일수록, 새로 나온 신자일수록, 또 최근에 삶의 큰 변화나 슬픔이 있었던 사람일수록, 그 날은 모두가 그 한 사람에게 귀를 기울여 함께 이야기를 들어줌으로 이야기 꽃이 피게 하고, 이야기 나무가 자라게 했으면 좋겠습니다.

신중하고 따뜻한 경청이야말로 상대방으로 하여금 마음을 좋게 하고, 한 인격체로서 존중받는 느낌을 줄 수 있습니다. 그것이 인격적이신 우리 주님의 존중을 경험하게 해 주는 방편입니다.

나이와 지역과 경험을 초월하여 이야기는 특별한 소통의 관계를 만들 수 있습니다. 교회에 대해 아무것도 모르는 사람도 소그룹에서 자기 이야기를 할 수 있는 기회만 주어진다면 그것은 치유하는 소그룹이 됩니다. 긴장감과 공포가 줄어들고 이제 편안히 잠을 이룰 수 있게 됩니다.

이야기가 막힌 모임은 인격적으로 죽은 모임입니다. 일방적인 가르침과 지시사항만 있는 모임은 역기능적입니다. 행복한 가정에서는 언제나 대화의 꽃이 피는 것처럼, 행복한 소그룹에서는 이야기 꽃이 피어납니다. 마음이 상한 이는 누구든지 찾아와서 편안한 마음으로 이야기의 꽃을 피울 수 있는 공동체가 생명력 있는 위로의 공동체입니다.

반드시 심각한 이야기가 아니라도 괜찮습니다. 그리스도인들은 대화중에 오직 전도와 복음에 대한 이야기만 해야 한다는 어느 이단 교회의 비인격적인 가르침은 결코 옳지 않습니다. 담대히 거절하십시오.

종교개혁자 마르틴 루터는 우울한 사람들을 위해 즐거운 유머와 세상의 뉴스, 즐거운 카드놀이와 음악 등을 권하였습니다. 물론 맛있는 음식도 포함해서요. 소그룹에서는 편안한 가운데 서로 즐겁게 맛있는 음식에 대해 이야기를 하는 것도 결코 죄가 아닙니다.

물론 부담스런 농담이나 다른 사람에 대한 뒷담화까지도 좋다고 말하는 것은 결코 아닙니다. 하지만 일상적이고 즐거운 대화를 통해 우리는 위로의 소그룹을 만들어가야 합니다.

### 토의질문 5-1.

우리가 소그룹에서 할 수 있는 가벼운 대화 주제는 어떤 것들이 있습니까? 반면 어떤 주제나 이야기가 다른 사람의 마음을 상하게 할까요?

### 토의질문 5-2.

제한된 시간 안에 이야기 꽃을 피우기 위해 어떤 분들에게 이야기의 우선순위를 주어야 할까요? 우리 소그룹에서 가장 많이 자신의 이야기 꽃을 피워야 할 사람은 누구일까요? 우선순위를 정하여 우리 모임의 작은 규칙으로 삼으시면 어떨까요?

## 6. 지금 모습 그대로 받아 줍니다

자신의 지금 모습 이대로 받아주지 않으면 누구나 교회를 떠납니다. 유명한 인도의 간디는 평생 예수는 좋아하지만 교회를 싫어했던 이유가 있었다고 합니다. 자신의 친구를 만나러 백인 교회에 찾아 갔을 때 피부색이 다르다는 이유로 출입을 거절당한 적이 있었기 때문입니다. 유고슬라비아의 독재자 티토는 사제를 돕는 소년이었을 때 성만찬에 쓸 포도주를 쏟는 실수를 범하였습니다. 그 사제는 이 아이를 모욕하고 내쫓았습니다.

주님의 교회가 사람을 거절해야 할 이유는 오직 그리스도의 진리를 왜곡하거나 배척하는 이단 밖에는 없습니다. 신천지나 통일교의 가르침을 배척하십시오.

하지만 개인의 실수나 죄, 인종이나 가난, 정신의 질병이나 영적인 혼돈을 경험하는 사람들을 받아 주어야 합니다. 비록 그 모습이 어떤 기괴한 모습이든, 내가 보기에 어떻게 이상하든… 상담자의 마음을 가진 공동체는 한 사람의 있는 모습 그대로를 받아 줍니다. 이상한 모습 그대로, 실패한 모습 그대로, 조금 다른 모습 그대로, 그리고 실수하고 넘어진 모습 그대로…

소그룹 공동체를 사랑한다면 우리는 우선 자기를 부인해야 합니다. 여기서 자기 부인이란 자신의 취향과 편견이 있음에도 불구하고 그에 맞지 않는 사람조차 품는 것입니다.

마태복음 16:24을 읽으세요.

> 이에 예수께서 제자들에게 이르시되 누구든지 나를 따라오려거든 자기를 부인하고 자기 십자가를 지고 나를 따를 것이니라

C. 모든 사람에게는 자신이 좋아하는 스타일의 사람과 싫어하는 스타일의 사람이 있습니다. 그런 개인적인 편견은 소그룹 활동에 매우 큰 장애가 될 수 있습니다. 소그룹에서 우리는 어떻게 자신의 취향과 습관을 부인해야 할까요?

➡ _____

원래 이 말씀은 베드로를 꾸중하신 후에 말씀하신 것입니다. 베드로는 예수께서 십자가를 지시는 것을 원하지 않았습니다. 인간적으로 이해할 수 있습니다. 하지만 예수님은 하나님의 뜻을 순종하고 십자가를 져야만 합니다. 주님을 따르는 길은 자기를 부인하는 길입니다.

자신의 경험, 자신의 편견, 자신의 확신을 부인하거나 내려 놓는 것은 정말 힘겨운 자기와의 싸움입니다. 그래서 위 구절의 병행 절인 누가복음 9:23에서는 예수님께서 "날마다 제 십자가를 지고"라고 강조하셨습니다. 자기의 경험과 확신을 부인하는 일은 매일의 작업입니다.

그런데 만일 우리가 마음속으로 가지고 있는 좁디 좁은 개인적인 편견과 기준으로, 성공한 사람들은 환영하고, 우리와 다른 사람들을 낯설어 한다면 그 사람은 벌

써 우리 마음의 불편함을 느끼고 있을 것입니다. 그리고 우리 공동체를 어색하게 생각할 것입니다.

사람이 사람의 마음을 가장 정확하게 느낍니다.

소그룹이 만나기 전, 한 사람을 만나기 전, 우리는 언제나 성령 안에서 자신의 편견을 내려놓아야 합니다.

기도와 말씀으로 우리 자신의 좁은 편견을 끊임없이 바꾸어 가야 합니다. 우리의 수용의 그릇을 조금씩 조금씩 확장시켜 가야만 합니다. 먼저 믿은 우리의 미성숙함으로 다른 사람들을 차별하면서 그들이 어떤 모양으로든 상처받도록 버려두어서는 안됩니다.

야고보서 2:1을 읽으세요.

> 내 형제들아 영광의 주 곧 우리 주 예수 그리스도에 대한 믿음을 너희가 가졌으니 사람을 차별하여 대하지 말라

**D.** 우리가 사람을 차별하지 말아야 할 중요한 근거는 무엇입니까?
➡ _____

우리가 사람을 차별하지 말아야 할 중요한 이유는 우리 주 예수 그리스도에 대한 믿음을 가졌기 때문입니다. 그리스도는 우리를 차별하지 않으셨고, 아무런 차별 없이 우리를 무조건 사랑하시고, 우리를 위해 생명을 주셨기 때문입니다. 그러므로 그리스도에 대한 믿음을 가진 우리는 달라야 합니다.

남을 실족하게 하는 것은 큰 죄입니다. 바리새인들은 다른 사람들의 천국 가는 길을 막고 있는 방해자들이었습니다. 자기 기준으로 판단해버리고, 그들을 쉽게 정죄하고, 자기 스스로만 의롭다고 생각하였습니다. 경청이 힘들고, 마음이 성급하게 앞서가는 경향이 많다 보면 판단만 빨라서 사람들에게 상처를 줍니다.

차별 없는 가정, 차별 없는 교회, 부하거나 가난하거나, 학식이 많거나 무지하거나, 정상이거나 장애인이거나, 젊거나 늙고 병들었거나… 그 어떤 사람이 와도 따뜻하고 다니고 싶은 교회, 차별하지 않는 소그룹 공동체, 거기에 차별 없는 위로의 공동체는 실현됩니다. 우리 모두는 그리스도의 복음 앞에서 엄중할 정도로 동등하기 때문입니

다. 그 어떤 이유로 미루거나 주저하지 않고 환대하는 공동체가 되어야 합니다.

### 토의질문6.

내가 어릴 때 마음 속으로 귀찮아하거나 싫어했던 아이들은 어떤 아이들이었습니까? 지금도 혹시 그와 비슷한 이유로 사람을 싫어하거나 편견을 가지고 사람을 대하지는 않습니까? 이제 새로운 사람을 처음 만날 때 그 사람을 더 잘 알고 싶고, 있는 모습 그대로 받아주기 위해 어떻게 해야 할까요?

## 7. 고개를 끄덕이며 경청합니다

"그렇군요. 정말 그렇군요!"
대화를 할 때 말 하는 사람의 눈을 바라보며, 이런 마음으로 고개를 끄덕끄덕 하는 것. 이것만큼 말 하는 사람을 기분 좋게 하는 것은 없습니다.
"그 말이 맞네. 그러고 보니 정말 그렇군!"
사실 이것은 예수님의 어투였습니다.
요한복음 4장에서 수가 성 여인에게 예수님께서 그렇게 말씀하셨습니다.

요한복음 4:17-18을 읽어 주세요.

> 예수께서 이르시되 네가 남편이 없다 하는 말이 옳도다 너에게 남편 다섯이 있었고 지금 있는 자도 네 남편이 아니니 네 말이 참되도다

E. 예수님께서 이 여성에게 두 번씩이나 "네 말이 옳도다" 라고 말씀하신 이유는 무엇이었을까요?

➡ _____

예수님은 그 여성과 진실게임을 하시지 않습니다. 다만 남편이 없다고 물러설수

밖에 없는 그 여성의 마음을 이해하고 계신 것입니다. 비록 그 여성에게 어떤 사연이 있어서 말을 다 하지 못했지만 주님께서는 그 마음속의 사정까지 "그럴 수 있겠다"고 받아 주셨습니다.

고개를 끄덕끄덕 하시면서, "그래, 그랬구나! 그러고 보니 그 말이 맞네!"

이것은 상대방의 존재를 있는 그대로 수긍하는 매우 중요한 태도입니다.

매사에 까다롭기만 하고 하나도 그냥 넘어가는 법이 없는 부모가 있다면 그 아이들이 제대로 숨을 쉴 수나 있을까요? 그런 아이들은 매우 자존감이 낮고 상처투성이인 영혼이 될 것입니다. 까다로운 배우자, 까다로운 지도자 아래 있으면 영혼이 고통 당합니다.

인격적이시고 우리 마음의 중심을 이해하시는 예수님 덕택에 우리는 매우 건강한 인격의 소유자들이 될 수 있습니다.

상처 입은 영혼들을 위로하고, 한 사람의 인격을 든든하게 세워주는 경청. 그런 경청의 출발점은 집중입니다. 이야기하는 그 사람에게로 얼굴을 향하고, 귀를 가까이 하고, 진실한 모습으로 고개를 끄덕이는 것입니다. 마치 한 마디의 말을 놓치지 않을 것 같은 집중력으로 이야기를 경청하는 것이 따뜻한 위로가 됩니다.

혹시 영하 30도, 순간 풍속 200km의 치명적인 남극의 캄캄한 겨울에, 결코 녹지 않는 만년설 위에서, 아빠가 발 위에 알을 품고, 40%의 체중이 빠질 정도로 집중해서 그 알을 품어 새끼를 부화시키는 황제 펭귄 이야기 들어 보셨습니까? 그 알이나 갓 부화한 새끼가 잠깐이라도 얼음에 닿는 순간 그 새끼는 순식간에 얼어 죽고 맙니다. 배고픔과 추위에도 미동하지 않고 발 위에 알을 품는 그 집중력, 그것이 하나님께서 황제펭귄을 남극에서 존재하게 하시는 비결입니다.

생명 하나에 대한 집중력, 그것은 모든 리더들과 공동체가 함께 보여 주어야 할 치료의 자원입니다. 소그룹 안에서 한 사람이 이야기를 할 때 산만해지지 마세요. 다른 생각이 들더라도 금방 다시 이야기하는 사람에게로 돌아오세요.

이야기에 또다시 몰입하고, 과도하지 않게 고개를 끄덕여 주세요.

이야기하는 사람에 대한 반응, 그것은 한 사람을 위로하고 치료하는 기초적인 행동입니다. 거기에서 집중력이 나오고, 거기에서 삶을 변화시키는 힘이 나옵니다.

### 토의질문 7-1.

지금까지 나의 이야기를 가장 잘 들어주었던 사람이 누구인지 기억나십니까? 그 분은 어떻게 내 이야기를 들어주었습니까?

### 토의질문 7-2.

이야기를 집중해서 경청해 주는 것만큼 한 사람을 존중해 주는 것은 없습니다. 우리 소그룹에서는 어떤 태도로 서로의 이야기를 들어 주면 좋을까요?

### 한 주간 실천사항 1

⊙ 교회 안에서나 밖에서, 연세가 드신 어른 한 분과 만나 이야기를 나누세요. 적절한 질문들을 미리 생각하고, 그 분의 이야기가 마칠 때까지 귀 기울여 들어 봅시다.

### 한 주간 실천사항 2

⊙ 누군가를 만날 때 나도 모르게 어떤 편견이 스쳐 지나가는지 자신의 마음을 유심히 관찰하고 적어 봅시다.

### 한 주간 실천사항 3

⊙ 단 한 번, 나의 예민하고 까다로운 성격을 잠시 접고, 가족이나 친구가 이야기할 때 가끔 눈을 마주치고 고개를 끄덕이며 들어 봅시다.

# 우리 소그룹은 성부 하나님의 인격을 닮아갑니다.

**주제 1** 우리 소그룹은 자비와 용서를 예측할 수 있다는 점에서 하나님을 닮아야 한다.
**주제 2** 나를 위한 하나님의 사랑은 언제나 낭비되었다. 이제는 우리가 그 사랑을 베풀어야 할 차례다.

## 8. 하나님을 보여 드립니다.

성부 하나님은 사랑이십니다. 그런데 그 하나님은 우리 인간의 눈에 보이지 않습니다. 이것은 우리 신앙에 있어서 심각한 도전이었습니다. 왜냐하면 이방종교들은 언제나 자기들이 믿는 신들의 머리, 눈, 코를 보여줄 수 있었기 때문입니다.

그러나 기독교는 인격적인 종교입니다. 인격적인 하나님을 우리가 믿고, 그 하나님을 인격적으로 보여주는 유일하고 참된 종교입니다.

요한일서 4:12을 읽으세요.

> "어느 때나 하나님을 본 사람이 없으되, 만일 우리가 서로 사랑하면, 하나님이 우리 안에 거하시고, 그의 사랑이 우리 안에 온전히 이루어지느니라."

**A.** 우리가 어떻게 하면 하나님의 임재와 사랑의 성취를 경험할 수 있다고 하였습니까?
➡ _____

한 인격체가 다른 인격체를 사랑하는 것을 통해 하나님께서는 우리 가운데 거하시고 당신의 존재를 보여주십니다.

하나님의 사랑은 신약성경에 와서야 드러난 것이 결코 아닙니다. 놀랍게도 하나님의 인격적인 사랑은 일찍이 구약시대부터 너무나 잘 알려진 것입니다. 그 하나님의 사랑이 가장 설득력 있게 드러나는 성경 가운데 하나가 요나서입니다. 요한일서 4:8의 표현을 빌리자면 그 요나서의 주제는 딱 한 마디 입니다.

"이는 하나님은 사랑이심이라!"

요나가 니느웨에 가기 싫었던 이유는 분명합니다. 첫째는 니느웨가 자신의 민족의 나라 이스라엘을 멸망시켰기 때문입니다. 니느웨가 싫었고, 그 사람들이 미웠습니다. 니느웨라는 도시의 태생 자체가 전쟁과 정복을 통하여 피를 먹고 자란 도시입니다. 채찍과 병거와 기병, 그리고 철기 문명의 열매인 칼과 창을 만들어 세상의 많은 사람들을 죽이고, 사방에 시체가 넘치게 한 포악한 도시가 니느웨였습니다. 과연 회개를 선포하러 갈 수 있었을까요?

그런데 그가 니느웨로 가기 싫어했던 더 큰 이유는 하나님 때문이었습니다. 왜 그럴까요?

요나서 4:1-2을 읽으세요.

> 요나가 매우 싫어하고 성내며 여호와께 기도하여 이르되 여호와여 내가 고국에 있을 때에 이러하겠다고 말씀하지 아니하였나이까 그러므로 내가 빨리 다시스로 도망하였사오니 주께서는 은혜로우시며, 자비가 충만하시며, 노하기를 더디하시며, 인애가 크시사 뜻을 돌이켜 재앙을 내리시 아니하시는 하나님이신 줄을 내가 알았음이니이다."

**B.** 요나가 다시스로 빨리 도망한 이유는 하나님 때문이었습니다. 하나님이 어떤 분인줄 자기는 분명히 알았다고 했습니까?

_____

요나가 다시스로 빨리 도망했던 이유는 하나님께서는 니느웨 사람들이 회개하면, 그 잔인한 "피의 성" 곧 정복자의 잔인한 수도를 사랑하셔서 용서하시려는 것처럼 보였기 때문입니다.

사실 이것은 기가 막힌 진술입니다. 왜냐하면 요나는 구약의 율법 시대를 살았던 선지자이기 때문입니다. 아직 예수 그리스도를 통한 하나님의 사랑이 완전히 계시되지 않은 시대에 요나는 하나님을 인애가 크시고 재앙을 내리지 않는 분으로 예측하고 있습니다. 그리고 그의 예측은 정확히 맞았습니다!

쉽게 말해서 하나님은 너무나 뻔하신 분이셨습니다. 원래는 무한하시고 우리가 예측할 수 없고, 측량할 수 없는 분이십니다. 하지만 적어도 사랑과 용서에 관한 한, 우리 하나님이 어떻게 하실지는 어린 아이들 조차도 정확히 예측할 수 있습니다. 사랑의 하나님은 악한 죄인, 연약한 병자라도 용서하시고, 따뜻하게 품으시고, 노하기를 더디 하시는 하나님이시거든요!

회개하고 죄를 뉘우치면 그것이 어떤 사람, 어떤 민족이라 해도 그를 사랑하시고 용서하시는 분이 하나님이십니다. 이건 너무나 뻔한 일입니다. 사랑에 관한 한 하나님은 너무나 뻔하신 분이십니다.

우리 소그룹은 사랑과 자비와 용서에 있어서 예측 가능한 소그룹입니까? 아니면 단 한 번의 실수도 용납하지 않는 엄격한 소그룹입니까? 혹시 직업이나 소득이나 자녀 양육의 방식에 있어서 같은 깃털을 가진 사람이 아니면 함께하기 힘든 소그룹은 아닙니까?

새로 오는 사람들, 그들이 누구든 편견 대신 하나님의 마음으로 사랑할 수 있습니까? 우리와 같지 않고, 서로 약속한 규칙을 지키지 못하여 다른 가족들의 인내를 시험하는 사람이 있어도, 다시 돌아와 잘못했다고 하면 받아주실 수 있습니까? 낯설어도, 마음에 들지 않아도, 혹은 거듭 실수를 해도, 그들을 위해 기도할 수 있어야 합니다.

누가 우리 소그룹에 와도 편안함과 행복함을 예측할 수 있어야 합니다.

우리 소그룹은 서로 사랑함으로 하나님을 보여주어야 합니다.

### 토의질문 8.

하나님은 사랑이십니다. 비록 우리가 개인적으로 정말 싫어하는 스타일의 사람이라도 그가 회개하면 하나님의 사랑과 용서는 너무나 뻔합니다. 자신의 죄를 깨닫고 다시 회개하는 한 사람의 인생을 사랑의 하나님께서 어떻게 하실 것이라 예측하십니까?

## 9. 하나님은 사랑의 탕부 (the prodigal Father)이십니다

어느 목사님은 자신의 설교에서, 누가복음 15장에 나오는 방탕한 아들의 비유가 사실은 탕자의 비유가 아니고, "탕부의 비유"라고 하였습니다. 즉 방탕한 아들이 아닌 방탕한 아버지의 비유라는 말입니다. 그것이 무슨 뜻일까요?

누가복음 15:17-24을 읽어 보세요.

> 이에 스스로 돌이켜 이르되 내 아버지에게는 양식이 풍족한 품꾼이 얼마나 많은가 나는 여기서 주려 죽는구나 내가 일어나 아버지께 가서 이르기를 아버지 내가 하늘과 아버지께 죄를 지었사오니 지금부터는 아버지의 아들이라 일컬음을 감당하지 못하겠나이다 나를 품꾼의 하나로 보소서 하리라 하고 이에 일어나서 아버지께로 돌아가니라 아직도 거리가 먼데 아버지가 그를 보고 측은히 여겨 달려가 목을 안고 입을 맞추니 아들이 이르되 아버지 내가 하늘과 아버지께 죄를 지었사오니 지금부터는 아버지의 아들이라 일컬음을 감당하지 못하겠나이다 하나 아버지는 종들에게 이르되 제일 좋은 옷을 내어다가 입히고 손에 가락지를 끼우고 발에 신을 신기라 그리고 살진 송아지를 끌어다가 잡으라 우리가 먹고 즐기자 이 내 아들은 죽었다가 다시 살아났으며 내가 잃었다가 다시 얻었노라 하니 그들이 즐거워하더라

C. 방탕했던 아들은 아버지를 감히 아버지라 부를 생각도 하지 못했습니다. 그는 그저 아버지에게 가서 자신을 품꾼의 하나로 써 달라고 부탁하기 위해 혼자 말로 다짐하고 연습하였습니다. 그런데 그렇게 준비한 말들을 다 하지 못했습니다. 어떤 말 까지 하고, 어떤 말은 막혔습니까?

➡ _____

D. 그 아들이 준비한 말들을 막아버린 아버지의 마음은 어떤 마음이었습니까? (20절)

➡ _____

E. 아버지는 아들의 말에 개의치 않고, 종들을 시켜 제일 좋은 옷을 내어다가 입히고, 손에 가락지를 끼우고, 발에 신을 신기게 했습니다. 살진 송아지를 끌어다 잡게 했

습니다. 아버지의 마음과 종들의 마음이 어떠했습니까?
➡
_____

　아버지는 측은한 마음이 넘쳐서 아들의 입을 막았습니다. 그 대신 자신의 기분이 넘쳐서 가장 값지고 좋은 것들을 가져다가 아들을 위해 다 썼습니다. 그 아들을 위해 다시 모든 것을 낭비하였습니다. 자신의 사랑의 감정도 아낌없이 다 쏟아버렸습니다.
　지금까지 우리는 이 아들이 아버지 재산을 아끼지 않고 다 써버려서 탕자라고 불렀습니다. 하지만 사실은 그 비유는 그 아들을 위해 사랑을 아끼지 않고 다 쏟아버린 아버지에 대한 이야기 입니다. 그러므로 그것은 탕자의 비유가 아니고 탕부의 비유라 한 것입니다.
　우리 하나님 아버지께서는 죄인이요 하나님의 기준에 이르지 못하는 우리를 위해 사랑을 아끼지 않는 "사랑의 탕부"이십니다. 그 사실은 이전에도 그러했고, 지금도 변함이 없습니다. 지금 여기, 우리가 살아있고, 거룩한 교회 공동체에 머물러 있다는 것 자체가 그 엄청난 사랑, 그 낭비된 사랑의 수혜자임을 증거하는 것입니다.
　낭비됐다는 것은 "쏟아 부은 것보다 건진 것이 적다"는 말이겠지요? 하나님께서 그 아까운 사랑을 앞뒤 계산 없이 갖다 부어서 그나마 지금 우리가 이만큼이라도 구색을 갖춘 하나님 자녀들이 된 것 아니겠습니까?
　그렇지만 여전히 하나님의 사랑을 낭비하면서 자라고 있는 우리 모두는 "공사중인 인생들"입니다. 우리에게 부어지는 하나님의 사랑은 아직도 부도상황에 직면해 있습니다. 우리에게서 생산되는 열매보다 더 많은 것을 하나님은 여전히 쏟아 붓고 계십니다.
　소그룹 모임을 할 때 마다 우리는 이런 우리 자신을 잘 알아야 합니다. 하나님의 사랑은 아직도 나에게서 낭비되고 있습니다.
　그런데 마치 나는 다른 사람보다 경건한 양, 다른 사람보다 믿음이나 기도에서 더 위에 있는 사람인 것처럼 여기는 것은 옳지 않습니다.
　신앙적으로 내가 다른 사람들보다 약간이라도 위에 있다는 생각, 그래서 내가 그들에게 듣고 배우기 보다는 내가 가르쳐야 한다는 생각, 이것은 우리를 계속적으로 교만하게 합니다.
　그러나 건강한 소그룹의 출발은 먼저 믿은 사람들이 자신을 쳐서 끊임없이 자기를 낮추는 것입니다. 상담적인 리더는 의식적으로 다른 사람을 나보다 낫게 ('낮게'가 아닙니다) 여기는 것입니다. 거기에서 깊은 경청과 존중이 나올 수 있습니다.

우리 소그룹 가족들은 언제라도 우리를 위해 먼저 낭비된 하나님의 무한하신 사랑을 시종 잊지 말아야 합니다. 그럴 때 비로소 내가 싫어하거나 미워하는 사람에게도 낭비되고 있는 하나님 사랑이 아깝게 여겨지지 않을 것입니다.

우리 모두는 시간의 순서가 다를 뿐, 똑같이 그 큰 하나님 사랑의 수혜자들일 뿐입니다. 그 사랑을 힘입어 내 곁에 있는 사람에게 관대해지고 나 자신에 대해 좀 더 철저해 지는 것, 이것이 우리 소그룹의 중요한 영적 출발점입니다.

### 토의질문 9.

교회와 소그룹에 먼저 들어온 것은 내가 더 의로워서가 아닙니다. 순간 순간 내 속에 생기는 편견과 다른 사람에 대한 판단의 마음은 지금도 나에게 사랑을 낭비하듯 쏟아 부으시는 하나님의 사랑을 잊게 합니다. 소그룹에서 다른 사람들을 대할 때 우리가 끊임없이 회개하고 교정해야 할 편견들은 어떤 것들이 있을까요?

### 한 주간 실천사항 1

◐ 나는 다른 사람이 나를 편안한 사람으로 예측할 수 있는 성품을 가졌습니까? 생활 가운데 그 증거를 하나만 찾아 봅시다.

### 한 주간 실천사항 2

◐ 만나는 사람들을 자세히 살피고, 한 사람에 한 가지씩, 예를 들어 "당신은 기도 생활에서 (혹은 예배, 봉사, 구제, 자녀사랑 등등)에서 저보다 낫습니다"라고 말로 칭찬해 주세요.

# 우리 소그룹 모임에는 하나님의 인격적인 대화를 닮아 갑니다.

**주제 1** 하나님은 요나의 분노를 인격적인 설득을 위해 사용하셨다.
**주제 2** 성숙한 소그룹 리더는 자신에게 쏟아지는 실망이나 분노까지도 품고 인격적인 대화로 풀어간다.

### 10. 하나님은 인격적으로 대화하시는 분이십니다.

요나와 대화하시는 하나님은 참으로 인격적이신 하나님이십니다. 끊임없이 반항하는 사춘기의 반항아 같은 선지자 요나를 포기하지 않고 끝까지 상대하여 주십니다.

요나가 하나님께 화가 났습니다.

"네까짓 게 뭔데 감히 나에게 화를 내?"

하나님은 요나에게 그렇게 말씀하지 않으셨습니다. 그 대신 화를 낼 만한 이유가 있는지 물으십니다.

요나서 4:4을 읽으세요.

여호와께서 이르시되 네가 성내는 것이 옳으냐 하시니라

요나가 지금 화가 난 이유는 니느웨의 회개 때문이었습니다. 요나 4:9에서 요나는 다시 성을 내고 있습니다.

요나 4:9을 읽으세요.

소그룹 상담 리더십 | 교회 소그룹을 위한 상담적 대화 1

하나님이 요나에게 이르시되 네가 이 박넝쿨로 말미암아 성내는 것이 어찌 옳으냐 하시니
그가 대답하되 내가 성내어 죽기까지 할지라도 옳으니이다 하니라

A. 요나가 4:9에서 다시 화가 난 것은 무엇 때문입니까? 요나는 지금 얼마만큼이나
화가 났습니까?
➡ _____

하나님께서는 요나가 화가 나 있다는 사실을 먼저 인지하십니다. 그리고 합당한 이유가 있는지 물으시면서 대화를 이끌어 내십니다. "네가 마땅히 성을 내야 할 이유가 있느냐? 있으면 말해 보아라!" 이렇게 묻고 대답을 기다리시는 하나님은 인격적인 분이십니다.

요나는 박넝쿨이 자라서 강렬한 햇빛으로부터 자신을 시원하게 해 줄 때 매우 기뻐하였습니다. 그가 얼마나 박넝쿨을 아꼈는지 모릅니다. 그런데 하나님은 그것을 보시고 벌레를 보내셨습니다. 벌레가 박넝쿨을 갉아 먹어서 요나는 뜨거운 동풍 아래 혼미해졌습니다. 괴로워진 요나는 "사는 것보다 죽는 것이 더 낫다"고 외쳤습니다.

하나님께서는 다시 대화를 시작하십니다.

"네가 이 박넝쿨 가지고 성을 내는 것이 합당하냐?"

물론 요나는 더 버릇없이 대답합니다. 정말 요나스럽게 팔팔 뛰면서 하나님께 버릇없이 외칩니다.

"예, 내가 성내어 죽기까지 할지라도 합당합니다."

고약하고 못된 말버릇입니다. 그런데도 인격적이신 하나님은 그와 계속 대화하십니다. 아니, 우리 하나님은 바로 그 요나스러운 대답을 기다리고 계셨습니다. 그리고는 설득을 시작하셨습니다.

요나4:10-11을 읽어 주세요.

여호와께서 이르시되 네가 수고도 아니하였고 재배도 아니하였고 하룻밤에 났다가 하룻밤에 말라 버린 이 박넝쿨을 아꼈거든 하물며 이 큰 성읍 니느웨에는 좌우를 분변하지 못하는 자가 십 이 만여 명이요 가축도 많이 있나니 내가 어찌 아끼지 아니하겠느냐 하시니라

B. 하나님께서는 박넝쿨과 큰 성읍 니느웨를 비교하여 말씀하셨습니다. 니느웨가 더 중요한 이유가 무엇이라고 말씀하셨습니까?
➡ _____

   니느웨 사람들이 잔인하고 악하지만 하나님께서 당신의 형상대로 만드신 사람들입니다. 그리고 하나님은 따뜻한 피를 가진 가축들도 생각하십니다. 노아의 방주가 큰 동물원이었다는 사실이 하나님의 따뜻한 관심사를 우리에게 말해 줍니다.

C. 하나님의 말씀 다음에 12절이 없다는 것이 신기하지 않습니까? 그렇게 집요하게 한 마디도 지지 않고 하나님께 화를 내며 대답하던 요나의 목소리가 없어졌습니다. 만일 12절이 녹음되어 있다면 무슨 소리가 났을까요?
➡ _____

   아마도 "털썩!" 아니면 "아이쿠, 내가 졌다!" 가 아니었을까요? 요나는 두 손, 두 발 다 들고 하나님께 항복할 수 밖에 없었습니다. 요나가 자신이 기르지도 않은 박 넝쿨을 사랑했을 때, 하나님은 당신의 형상대로 지은 니느웨 사람들을 아끼는 것이 너무나 마땅하였기 때문입니다.
   하나님의 사랑은 마르지 않습니다. 그것은 포기하지 않고 요나를 설득하신 하나님의 모습에서도 볼수 있습니다.
   당신에 대한 요나의 분노조차도 인격적인 대화와 설득을 위해 사용하셨습니다.
   하나님은 좌우를 분변하지 못하는 인생들, 그리고 따뜻한 피를 가진 동물들까지 다 사랑하셨습니다. 그리고 요나의 분노와 공격에도 하나님의 중심은 전혀 변하지 않으셨습니다. 그 고집 센 선지자를 끝까지 대해 주시면서 인격적으로 그를 설득하셨습니다.
   하나님은 우리와도 인격적인 대화를 하기 원하시는 분이십니다.

**토의질문 10.**

나는 하나님께 화가 난 적이 있습니까? 하나님께서는 그런 나를 어떻게 받아 주셨습니까? 그 누군가가 나의 마음을 의심하거나 나의 선택을 공격할 때 우리는 어떻게 인격적인 태도를 유지할 수 있을까요?


### 11. 인격적인 대화는 사람의 마음에 대해 이야기 합니다.

요나와 말씀하시는 하나님은 인격적인 대화 즉 열린 대화의 주인공이십니다.
하나님은 요나의 마음의 변화를 면밀하게 보고 계십니다.
그리고 그 마음의 변화를 대화에 이끌어 들이십니다.
요나가 "매우 싫어하고 성내며 여호와께 기도"하였을 때, 하나님은 그것을 보고 계셨습니다 (요나 4:1-2). 화가 나서 하나님께 기도할 수 있을까요? 하지만 요나는 그렇게 하였습니다. 매우 특별한 행동으로 하나님께 나아갔습니다.
그런데 하나님께서는 그에게 진노하시는 대신 그의 감정을 비추어 주시면서 인격적으로 물으십니다.
"네가 성 내는 것이 옳으냐?" (요나 4:4)
하나님께서는 화를 내는 요나의 모습을 보시고, 그것을 언급하시면서, 요나가 스스로 자기얼굴을 보고 생각할 기회를 주셨습니다.
그 다음에 하나님은 요나가 박넝쿨을 보면서 "크게 기뻐하"는 모습을 보셨습니다. (요나 4:6)
그 모습을 보신 하나님은 요나의 기쁘고 만족스러워하는 그의 마음에 대해 언급하셨습니다.
"너는 네가 기르지도 않은 박넝쿨을 네가 그렇게 사랑하는구나."
그리고 마침내 하나님은 자신의 사랑 이야기를 하십니다.
"그렇다면 나의 사랑의 이야기도 한 번 들어 보겠니? 나는 저 니느웨 사람들, 비록 오른쪽과 왼쪽도 구별하지 못하는 저들을 나는 더할 나위 없이 사랑한단다. 왜냐하면 그들 모두는 나의 형상으로 만든 사람들이거던. 그뿐 아니야. 니느웨에 있는 따뜻한 몸을 가진 동물들과 가축들, 그것들도 나는 너무나도 사랑한단다. 왜냐하면 내가 만들고 내가 기른 거니까…"
하나님은 마음과 마음으로 요나와 끝까지 대화하셨습니다. 요나의 분노와 기쁨, 하나님의 사랑의 언어들을 가지고 막무가내였던 요나를 기어코 설득하셨습니다.

이와 같이 대화란 지극히 인격적이고 지적인 행동입니다.

우리 소그룹의 인격적인 대화에는 깊은 마음의 이야기가 담겨 있어야 합니다. 사랑과 기쁨과 분노와 슬픔… 소그룹 대화는 이런 감정의 언어들로 나를 알리고, 또 상대를 알아가는 중요한 도구입니다. 우리가 이야기할 때 자신의 마음을 솔직하게 표현할 수 있어야 하겠습니다. 소그룹은 자신의 마음을 이야기할 수 있는 안전한 공간이 되어야 합니다.

한 사람의 마음을 살피고, 마음을 대화로 이끌어 들이는 것은 매우 인격적인 대화입니다. 심지어 상대방의 분노까지도 차분하게 수용하시고, 또 다른 분노로 대응하지 않으신 하나님의 모습은 우리 소그룹에서 꼭 본받아야 할 큰 태도입니다. 한 사람의 마음을 읽고, 그 마음에 대하여 물어 보십시오.

한 사람의 감정을 그대로 받아 주십시오. 말의 독성을 삼키고, 때로 나에게 상처를 주는 감정이 실려 있어도 예민해지지 마시고, 차분히 그 원인을 물어 보십시오.

"화가 많이 나셨군요. 혹시 그렇게 화가 나신 이유에 대해 설명해 주실 수 있겠습니까?"

분노나 슬픔의 감정들은 리더가 다른 일 보다 먼저 주목해야 할 우선순위를 가지고 있습니다. 조심스럽고 신중하며 시급한 응답이 필요합니다. 만일 리더가 그 감정들을 인식하고, 서로 거울이 되어 그 진심을 비추어 주면 대화는 깊어집니다.

특히 분노는 매우 주의하여 예민하게 다루어야 합니다. 왜냐하면 남에게 쉽게 상처를 주거나 내가 상처를 받을 수 있기 때문입니다.

하나님은 지극히 지적이고 인격적이십니다. 그래서 지금도 우리의 마음을 살펴 보십니다. 하나님은 언제나 우리의 분노의 마음을 가지고서도 이야기하실 준비가 되어 있으십니다.

우리도 하나님께 나아갈 때 마음을 표현할 수 있어야 합니다. 마음과 감정의 언어들로 하나님과 대화할 수 있어야 합니다.

그리고 소그룹 안에서도 서로 감당할 수 있을 만큼은 열린 태도로 이야기를 나눌 수 있습니다. 그러기 위해 리더는 좀 더 차분하고, 마음이 안정되며, 모임 후에도 비방하지 않고 그것을 소화할 수 있어야 합니다.

오늘 우리 소그룹에도 요나와 같은 사람들을 찾아보기가 그다지 어렵지 않습니다. 왜 그러냐고 따지거나, 리더에게 항의하고, 말꼬리를 물고 늘어지면서 다른 사람의 마음을 불편하게 하는 사람이 없지 않을 것입니다. 소그룹 모임을 매우 당황스럽게 하고, 또 분위기를 흐트러뜨리는 경우도 많습니다.

그 분들의 말이 옳은 경우도 있습니다. 하지만 상담학의 관점에서 보면 그 사람 자신의 전혀 엉뚱한 기억 때문에 지금 여기에서 화를 내는 경우도 있습니다. 이렇게 생뚱맞은 감정을 "전이"라고 부릅니다. 필요한 것은 리더의 차분하고 침착한 대화입니다.

그럴 때 우리는 하나님처럼 그 분들의 감정을 다시 한 번 언급하면서 고개를 끄덕일 필요가 있습니다.

"아, 그렇게 느끼셨군요. 그 일로 마음이 섭섭하셨다니 저도 안타깝습니다."

거울을 보면 우리는 차분해 집니다. 마찬가지로 감정을 비추어 주면 생각하게 됩니다.

요나는 자신의 험한 감정까지 표현을 하였습니다. 하나님께서는 그 감정까지 인정하시고, 대화의 주제로 삼으십니다.

요나 4:3을 읽으세요.

> 여호와여, 원하건대 이제 내 생명을 거두어 가소서 사는 것보다 죽는 것이 내게 나음이니이다.

**D.** 이 표현에서 나타나는 요나의 마음 즉 감정은 무엇인가요?

➡ _____

요나는 하나님의 하시는 일에 불만을 가지고 있었습니다. 하나님의 사랑에 내해 만족스러워하지 않았습니다. 자신의 뜻이 좌절된 데 대한 실망과 극심한 좌절을 매우 공격적으로 표현하고 있습니다. 정제되지 않은 감정이 하나님께 그대로 표출되었습니다.

놀라운 것은 이렇게 변덕스러운 감정까지도 하나님께서는 대화의 일부로 받아 주셨습니다. 그리고, 전능하신 하나님의 평정심이 조금도 흔들리지 않았다는 것입니다. 외려 그것을 관찰하신 하나님께서는 마음과 마음으로 이야기할 수 있는 통로로 삼으셨습니다.

요나와 같은 사람들이 소그룹의 리더나 다른 가족들을 직접 공격하면서 다가온다면 매우 힘들게 될 것입니다. 하지만 소그룹 리더는 자신의 상처 입은 마음을 추스리면서, "그렇게까지 말씀하시다니, 정말 많이 실망하셨군요" 라고 말해 보면 어떨까요?

우리가 되돌아 서서 다시 한 번 생각하고, 또 한 번 더 기도해 보면, 요나와 같은 사람들에게 이해와 사랑이 얼마나 필요한지 알게 될 것입니다.

교회에서나 학교에서 말썽을 부리는 아이들은 사실상 "나 좀 도와주세요!" 라고 외치고 있습니다. 하지만 비판의 가시로 찌르면서 우리를 찾아올 때 우리도 아프기 때문에 좀처럼 편안하게 말하기가 어렵습니다.

우리도 하나님의 마음을 가질 수 있다면 얼마나 좋을까요? 힘든 것을 도와주려고 손을 내밀어도 그 손까지도 아프게 물거나 가시로 찔러버리는 요나, 얼마나 어려운 지요? 하나님의 인격처럼 산다는 것이 얼마나 힘든지요?

그러므로 소그룹에서 인격적인 대화를 하기 위해서는 적어도 한 사람의 성숙한 사람이 있어야 합니다. 아니 바로 내가 먼저 성숙한 사람이 되었으면 좋겠습니다.

소그룹의 리더나 먼저 믿는 가족들은 혹시 가시가 와도, 날카로운 창이 날아와도 의연하게 그 사람 가시를 품을 수 있는 인격성을 가져야 합니다. 가시를 뻣뻣하게 세운 고슴도치라도 하나님의 마음으로 품고, 그 아픈 가시가 무슨 뜻인지 진지하게 대화를 이어갈 때, 그 가시조차 품을 때 하나님의 사랑은 소통이 됩니다. 그것이 곧 인격적인 소그룹 대화의 한 모습입니다.

### 토의질문 11.

이전에 누군가 나에게 분을 냈을 때 내 마음은 어땠었는지 함께 얘기해 봅시다. 그리고 힘들지만 그 사람을 하나님의 사랑으로 품게 되는 과정이 있었다면 그 과정이 어떠했는지 얘기해 봅시다.

> *주의사항 어떤 사람에 대한 이야기를 할 때는 익명이어야 하고, 함께 참여한 사람들이 누구인지 몰라야 합니다. 서로가 아는 사람에 대해 그 사람이 없는 곳에서 얘기하게 되면 큰 시험에 들 수 있습니다.

### 한 주간 실천사항 1

➲ 화가 날 때 한 번만 참아 봅시다. 그리고 분노하는 대신 차분한 대화를 시도해 봅시다.

### 한 주간 실천사항 2

➲ 그 사람이 화를 냈을 때 여러분 자신의 마음을 1인칭으로 표현해 보세요. 예를 들어, "그렇게 화를 내시니까 제가 조금 당황스럽습니다." 그리고 물어보세요. "화를 내신 이유를 제게 말씀해 주실 수 있겠습니까?"

## 우리 소그룹은 성자 예수님의 인격을 닮아갑니다.

**주제 1** 긍휼이 없는 기적은 마술일 뿐이며, 사랑이 빠지면 모든 것이 빠진 것이다. 우리 예수님께서는 긍휼의 심장을 가지셨다.

**주제 2** 긍휼의 시작은 상대방의 마음을 상상해보는 것이다.

### 12. 예수님께는 긍휼의 심장이 뛰고 있습니다.

고린도전서 13:3을 읽어 보세요.

> "내가 내게 있는 모든 것으로 구제하고 또 내 몸을 불사르게 내줄지라도 사랑이 없으면 내게 아무 유익이 없느니라"

A. 내가 만일 내 소유 전부를 주어 구제하고, 내 몸까지 제물로 바친다면 그것은 나에게 얼마나 큰 희생입니까?

➡ _____

B. 그렇게 큰 희생을 하고서도 나에게 아무 유익이 없다면 얼마나 어처구니 없을까요? 하지만 또 그 모든 희생을 무가치하게 만들 수 있는 최고의 핵심은 무엇입니까?

➡ _____

사랑에 관한 이 말씀은 우리에게 충격을 줍니다. 왜냐하면 자기 몸을 희생하고서도 아무런 유익을 얻지 못할 수가 있기 때문입니다. 문제는 그 마음과 행위에 사랑이 빠졌기 때문입니다. 사랑이 빠지면 모든 것이 빠진 것입니다. 사랑이 없으면 아무 것도 없습니다.

자기 생명을 불태우도록 내어주는 것, 이것은 정말 어마어마한 일입니다. 그런데 그 큰 자기 희생과 사랑이 각각 따로 분리될 수 있다는 것입니다. 그리고 그 큰 희생에 사랑이 분리되어 빠지면 우리에게는 아무런 유익이 없습니다.

교회의 소그룹은 헌신된 사람이 없으면 결코 유지되거나 성장할 수 없습니다. 그러므로 먼저 믿는 사람들은 자신이 속한 소그룹을 위해 시간을 투자하고, 어떻게 더 잘 섬길지를 생각하고, 기도하며, 또 자신의 물질을 드려 수고해야 합니다.

하지만 만일 우리 마음에 사랑이 없다면?

그것은 나에게 아무런 유익을 주지 못합니다.

예수님의 희생이 값진 이유는 언제나 사랑이 함유되어 있기 때문입니다. 예수님의 모든 기적도 오직 사랑과 긍휼에서 시작됩니다.

마가복음 8:2을 읽으세요.

> "내가 무리를 불쌍히 여기노라. 그들이 나와 함께 있은 지 이미 사흘이 지났으나 먹을 것이 없도다"

C. 먹을 것이 떨어진 무리들, 사흘간 함께 있다가 먼 집으로 되돌아 가야 하는 사람들을 만났을 때 예수님이 가장 먼저 느낀 것은 무엇입니까?

➡ _____

먹을 것이 떨어져 배고픈 사람들을 보실 때, 예수님께는 긍휼의 마음이 먼저 움직였습니다. 예수님이 행하신 기적들 가운데 긍휼의 심장이 빠진 채 기적만 덩그러니 남은 경우는 단 한 번도 없었습니다. 한 나병환자를 만났을 때에도 예수님의 마음은 긍휼로 뛰었습니다.

마가복음 1:41-42을 읽으세요.

> 예수께서 불쌍히 여기사 손을 내밀어 그에게 대시며 이르시되 내가 원하노니 깨끗함을 받으라 하시니 곧 나병이 그 사람에게서 떠나가고 깨끗하여 진지라

누가복음 7:13-15도 읽어주세요.

> 주께서 과부를 보시고 불쌍히 여기사 울지 말라 하시고, 가까이 가서 그 관에 손을 대시니 멘 자들이 서는지라 예수께서 이르시되 청년아 내가 네게 말하노니 일어나라 하시매 죽었던 자가 일어나 앉고 말도 하거늘 예수께서 그를 어머니에게 주시니

D. 예수님의 소원과 말씀은 능력입니다. 원하시면 나병환자가 깨끗하여 지고, 말씀하시면 죽은 자가 살아납니다. 그러나 주님은 사람들에게 과시하기 위해 능력을 행하지 않았습니다. 예수님께서 그들을 낫게하신 마음의 이유는 무엇입니까?

➡ _____

예수님은 언제나 마음으로 먼저 그들을 불쌍히 여기셨습니다. 주님께서 불쌍히 여기신 사람마다 병이 낫고 죽은 자가 살아났습니다. 그 분은 긍휼과 능력의 아들이셨습니다.

비록 모든 기적의 이야기에 같은 표현이 나오는 것은 아니지만 예수님께서 긍휼 없는 기적을 행하신 적은 없습니다. 단 한 번도 없습니다. 사단은 끊임없이 시험하면서 돌로 떡을 만들고, 높은 성전에서 뛰어 내리고, 심지어 십자가에서 뛰어 내리라고 예수님께 외쳤습니다. 하지만 예수님은 모두 거절하셨습니다. 긍휼 없는 기적은 마술이고, 긍휼 없는 기적은 사단적인 것이기 때문입니다. 긍휼 없는 기적은 비인격적입니다.

먼저 믿는 우리 소그룹 가족들은 믿지 않는 사람에 대하여, 병든 이들에 대하여, 마음 상한 사람에 대하여, 시시비비를 가리기 전, 마음으로부터 우러나는 긍휼과 사랑이 있어야 합니다.

### 토의질문 12.

우리 소그룹에 사랑이 빠진 봉사가 있을 수 있습니까? 있다면 어떤 경우가 있을까요? 그리고 어떻게 하면 사랑과 긍휼을 먼저 느낄 수 있을까요?

## 13. 긍휼과 사랑은 마음을 상상하는 것에서 시작됩니다

예수님께서는 굶주린 사람들의 마음과 고통이 얼마나 클까를 상상하셨습니다. 그리고 그들을 굶긴 채 보내면 가다가 쓰러질 것을 예상하셨습니다.

마가복음 8:1-3을 읽으세요.

> 그 무렵에 또 큰 무리가 있어 먹을 것이 없는지라 예수께서 제자들을 불러 이르시되 내가 무리를 불쌍히 여기노라 그들이 나와 함께 있은 지 이미 사흘이 지났으나 먹을 것이 없도다 만일 내가 그들을 굶겨 집으로 보내면 길에서 기진하리라 그 중에는 멀리서 온 사람들도 있느니라"

동일한 기사를 마태복음 15:32에서 읽어 보세요.

> 예수께서 제자들을 불러 이르시되 내가 무리를 불쌍히 여기노라 그들이 나와 함께 있은 지 이미 사흘이매 먹을 것이 없도다 길에서 기진할까 하여 굶겨 보내지 못하겠노라

**E.** 예수님의 데이터에 따르면 사람들 가운데는 어떤 사람들도 있었습니까? 예수님은 그들에 대해 어떤 마음을 가지고 있었습니까?

➡ _____

**F.** 특히 마태복음에서 느껴지는 예수님의 의지는 무엇입니까?

➡ _____

예수님의 사랑은 구체적이고 현실적이었습니다. 왜냐하면 함께 한 사람들에 대한 구체적인 이해를 기초로 하고 있기 때문입니다. 예수님의 사랑의 근거는 구체적인 현실이었습니다. 그 현실적인 몇 가지의 데이터를 보세요.

첫째, 그들과 사흘 동안 함께 계셨다는 주님의 기억.
둘째, 사람들의 먹을 음식이 떨어졌는 현실 관찰.

셋째, 이대로 두면 가던 길에 허기진 사람들이 쓰러질 수도 있다는 인간 한계 예측. 이 모든 정보가 예수님의 머릿속에 모아졌을 때, 예수님은 결심하셨습니다.
"내가 이대로 그냥 보내지는 못하겠다!"
왜냐하면 이들이 집으로 돌아가는 "길에서 기진할까 하여" 염려되기 때문입니다.

굶주려있는 사람들에 대한 기억과 정보, 그 모든 데이터의 분석이 예수님의 가슴에 긍휼의 불을 일으켰습니다. 그리고 그 긍휼은 의지와 행동과 기적으로 이어졌습니다.

과연 우리 같았으면 한 사람의 취약성을 관찰하고, 기억하고, 한계를 예측했을 때 어떤 마음이 들었을까요? 예수님처럼 보배로운 생각이었을까요?

긍휼이 있어도 능력이 없으면 공허하고, 능력만 있고 긍휼이 없으면 폭군이 됩니다. 예수님은 긍휼과 능력에서 완전하신 하나님의 아들이십니다.

이 모든 정보의 처리 과정은 분리된 각각의 행위가 아닙니다. 그 과정들은 그리스도의 인격 안에 하나로 통일된, 일사불란하고 일관성 있는 행동이었습니다. 아무리 다른 사람이 배가 고파도 내가 관심이 없거나 다른데 마음이 가 있으면 눈에 들어오지도 않는 법입니다. 배고픔의 설움을 알고 가난한 사람이 눈에 띄어도 무자비하게 무시해버리고 간과할 수도 있습니다. 하지만 예수님은 일관되게 배고픈 이들에게 눈이 가고, 두 번 생각할 것도 없이 긍휼의 심장이 뛰고, 무엇을 할까 생각하시고, 능력으로 그들을 먹이십니다.

그러므로 우리 주님은 존재 자체가 긍휼 덩어리, 곧 사랑의 공장이었습니다.

예수님과 같이 우리 소그룹에는 긍휼의 심장이 뛰어야 합니다. 거기에서 긍휼과 사랑이 만들어져야 합니다. 왜냐하면 우리를 향한 주님의 생각은 우리에게 너무나 보배롭기 때문입니다.

시편 139:17을 읽으세요.

> 하나님이여 주의 생각이 내게 어찌 그리 보배로우신지요 그 수가 어찌 그리 많은지요

**G.** 나를 향한 주님의 보배로운 생각들을 한 번 세어 보십시오. 우리 하나님께서 나에게 어떤 배려나 은총을 베풀어 주셨습니까?

➡ _____

우리를 향하신 주님의 생각은 참 보배로우십니다. 그것은 누구나 예측할 수 있습니다. 그러므로 행여 주님이 나를 미워하실까 염려할 필요가 전혀 없습니다. 주님의 시선을 염려할 만큼 주님을 생각하는 사람은 이미 주님의 사랑 안에 있는 사람이기 때문입니다.

우리 주님은 지금도 배 고픈 사람들을 긍휼히 여기십니다. 마음이 아픈 사람을 불쌍히 여기십니다. 마음이 서러운 사람의 신음소리를 듣고 계십니다.

소그룹 공동체는 예수님의 긍휼을 가져야 합니다. 서로에 대한 구체적인 이해와 지식이 있어야 합니다. 상대방의 마음과 고통을 상상할 수 있어야 합니다. 그리고 내가 할 수 있는 일을 찾아 섬겨야 합니다.

우리는 긍휼의 피상성을 반성해야 합니다.

"내가 40일 금식 해 봤는데, 3일 정도는 굶어도 끄덕 없어!??"

우리에게 있는 편견과 남에 대한 판단은 생각보다 심각합니다. 내 경험에 비추어 남의 고난을 너무 쉽게 삭감합니다.

만일 예수님이 남의 고생을 간과하는 분이었다면 자신이 경험한 40일 금식을 매우 자랑스럽게 생각하고, 다른 사람의 음식 없음을 간과했을 것입니다.

자신의 경험에 비추어 쉽게 다른 사람을 판단하는 습관은 마음이 어려운 사람을 더욱 어렵게 합니다. 그것은 너무나 피상적이고 가치 없는 말입니다. 긍휼과 사랑의 시작은 상대방의 마음이 어떠할지 상상하는 것부터 시작됩니다. 소그룹 안에서 우리 감정은 우리의 것이 아니라, 우는 자들, 그리고 즐거워하는 자들의 것입니다. 나 자신의 형편과 상관없이 교회 안에서는 우는 자들과 함께 울고 즐거워하는 자들과 함께 즐거워해야 하기 때문입니다 (로마서 12:15).

비록 처음부터 쉽지는 않겠지만 가식이 습관될 때까지, 습관이 능력 될 때까지 우리도 성령 안에서 긍휼의 마음을 가지기 위해 노력을 기울였으면 좋겠습니다.

### 토의질문 13-1.

"그것도 못 해 먹어?" 우울증으로 고통 당하는 어느 성도가 반찬을 만들어 먹을 힘도 없다고 말하니, 그 분의 친구가 대뜸 던진 말입니다. 상처가 되었을까요? 아니면 위로가 되었을까요?

**토의질문 13-2.**

이 우울증 성도는 신체적으로, 정신적으로, 영적으로 어떤 상태일까요? 그리고 우리는 우울증 때문에 무기력하여 일상생활조차 힘들어하는 이웃에 대해 어떤 마음을 느끼고, 또 어떻게 도와야 할까요?

### 한 주간 실천사항 1

➡ 나는 누구에게 긍휼의 마음을 느끼는지 한 사람을 찾아 보세요.

### 한 주간 실천사항 2

➡ 내가 긍휼을 느낀 그 사람의 마음이 어떤지 상상해보고, 또 마음이 어떤지 직접 한 번 물어보세요.

## Lesson 7과 우리 소그룹은 한 사람을 천하보다 귀하게 여깁니다.

**주제 1** 우리 소그룹의 인격은 예수님을 닮아 보배로우며 예측 가능해야 한다.
**주제 2** 우리 소그룹은 또한 대화의 팔로워(follower)들이어야 한다.

### 14. 예수님의 인격은 예측 가능합니다.

 부모는 자녀들이 예측할 수 있는 인격을 가져야 합니다. 잘 한 일은 잊지 말고 칭찬하며, 잘못한 것은 고치도록 다짐을 해야 합니다. 소그룹도 성도들이 예측 가능한 성경의 모임이어야 합니다. 요나서에 따르면 하나님 아버지의 사랑은 예측 가능한 것이었습니다. 마찬가지로 예수 그리스도의 긍휼과 사랑은 예측 가능한 것이었습니다. 심지어 예수님의 원수들도 예수님께서 어떻게 하실지 "뻔하게" 알고 있었습니다.

 마가복음 3:1-2을 읽으세요

> 예수께서 다시 회당에 들어가시니 한쪽 손 마른 사람이 거기 있는지라, 사람들이 예수를 고발하려 하여 안식일에 그 사람을 고치시는가 주시하고 있거늘.

A. 예수님을 고발하려는 사람들은 예수께서 회당에서 어떤 일을 할 것을 예상하고 그를 주시하였습니까?
➡ _____

 원수들은 마치 덫을 놓고 사냥감이 걸려들기를 기다리는 사냥꾼과 같았습니다. 그리고 예수님은 언제나 그러하셨던 것처럼 그들의 덫에 여지없이 걸려들었습니다.

그런데 이 말씀을 가만히 생각해 보면 참으로 놀라운 사실이 있습니다. 그 사람들 곧 바리새인들이 예수님에 대해 뭔가를 알고 있었고 뭔가를 예상하고 있었다는 사실입니다. 그게 무엇일까요?

(1) 첫째는 예수님의 긍휼을 예상하고 있었습니다. 저렇게 손이 불구인 사람을 보면서 예수님이 절대로 그냥 지나치지 않을 것을 기대하였고, 그 예상은 적중하였습니다.
(2) 둘째, 그들은 예수님의 능력을 예상하였습니다. 그 어떤 질병이나 장애라도 예수께서는 고치실 수 있음을 그들은 예측하였습니다. 예수님을 믿지도 따르지도 않았던 그들이 예수를 정확히 예측하고 있었습니다.
(3) 무엇보다도 그들이 기대하며 기다렸던 것은 예수께서는 긍휼을 느끼시는 "즉시" 지체하지 않고, 바로 그 날, 안식일에, 바로 그 자리에서 병을 고치실 것을 예상하였습니다.

이들의 모든 예상은 적중하였습니다. 하지만 그들은 예수님을 닮을 생각은 고사하고 예수를 믿지도 않았고, 외려 그를 고발하고 죽이려 하였습니다.

마가복음 3:5-6을 읽으세요.

> 그들의 마음이 완악함을 탄식하사 노하심으로 그들을 둘러보시고 그 사람에게 이르시되 네 손을 내밀라 하시니 내밀매 그 손이 회복되었더라. 바리새인들이 나가서 곧 헤롯 당과 함께 어떻게 하여 예수를 죽일까 의논하니라.

B. 예수님은 왜 탄식하시고 노하셨습니까? 그들의 마음이 어떻게 완악하였습니까?
➡ _____

그들의 완악함 때문에 예수님께서는 탄식하시고 또 분노하셨습니다. 예수님께서는 그들이 자신을 고발하는 것 때문에 화가 난 것이 아니었을 것입니다. 외려 그 연약하고 힘들게 살아가는 장애인을 치료하는데 바리새인들이 안식일 율법과 같은 높은 장벽을 쌓아놓고 감시하고 있었기 때문입니다.

사람의 회복을 고발하려는 그들의 마음은 완악하였습니다. 이로 인해 그들은 더욱 예수를 미워하여 어떻게 예수를 죽일까 의논하게 되었습니다. 그 덕분에 예수님의 십자가는 점점 속도를 내어 주님께로 다가왔습니다.

그럼에도 불구하고 예수님은 여전히 사랑과 능력과 자비에 있어서 미천한 우리의 지식으로 예측할 수 있을 만큼 어쩌면 "뻔하신" 분이셨습니다. 비난과 체포의 위험을 무릅 쓰고 그 자리에서 그 병자를 고치실 만큼 예수님은 긍휼에 있어서 조급하셨습니다.

십자가를 앞둔 최후의 만찬이 되어도 예수님은 제자들을 끝까지 사랑하셨습니다. 십자가를 앞둔 주님은 여전히 변함이 없었습니다.

요한복음 13:1을 읽으세요.

> 유월절 전에 예수께서 자기가 세상을 떠나 아버지께로 돌아가실 때가 이른 줄 아시고 세상에 있는 자기 사람들을 사랑하시되 끝까지 사랑하시니라.

사람들은 우리 소그룹에 대해 어떤 예측을 할 수 있어야 할까요?
따뜻함과 웃음을 기대할 수 있습니까?
위로와 이해와 치료를 기대할 수 있습니까?
우정과 신뢰, 믿고 이야기할 수 있는 분위기를 기대할 수 있습니까?
아니면 무슨 이야기도 꺼내기 힘들만큼 차갑고 무서운 얼굴들을 예상해야 할까요?

언제 칭찬이 날아들지, 아니면 언제 주먹이 얼굴을 가격할 지 예측할 수 없는 부모 아래에서 자란 어느 여성은 성인이 되어서도 매우 불안하고 깜짝깜짝 놀라는 삶을 살고 있습니다.

인격적인 부모는 자녀들에게 예측 가능한 인격을 가져야 합니다. 우리를 사랑하시는 예수님의 인격은 안정되고, 일관성이 있으며, 미천한 우리라도 언제든지 그의 자비와 사랑을 예측할 수 있습니다. 물론 그 분의 탄식과 분노 역시 예측할 수 있습니다.

우리 주님께서는 언제 분노하셨을까요?

누가복음 13:15-16을 읽으세요.

> 주께서 대답하여 이르시되 외식하는 자들아 너희가 각각 안식일에 자기의 소나 나귀를 외

> 양간에서 풀어내어 이끌고 가서 물을 먹이지 아니하느냐 그러면 열여덟 해 동안 사탄에게 매인 바 된 이 아브라함의 딸을 안식일에 이 매임에서 푸는 것이 합당하지 아니하냐

C. 이 말씀은 열 여덟 해 동안 귀신 들려 앓으면서 꼬부라져 조금도 펴지 못한 한 여자를 고치신 후에 하신 예수님의 말씀입니다. 예수님께서는 안식일에 그 여성을 치료했다고 분을 내어 말하는 회당장과 그를 따르는 무리들에게 "외식하는 자들아!" 라고 외치셨습니다. 이렇게 외치시는 예수님의 마음은 어떤 마음이었을까요?

➡ _____

D. 그 한 사람의 영혼을 주님께서는 정말 아끼시고 사랑하셨습니다. 위의 구절에서 예수님은 그 여성을 가리켜 특별히 무엇이라 불렀습니까?

➡ _____

　악한 마음으로 연약하고 여린 한 생명을 괴롭게 하거나 그의 치료를 가로막을 때 우리 주님께서는 분노하셨습니다. 주님의 분노마저 우리는 예측할 수 있습니다.
　그 분노 가운데서도 예수님은 그 귀신들려 장애를 앓은 여성을 영적으로 귀하게 여기시고 계십니다. 그 여성을 특히 "아브라함의 딸"이라 부르셨습니다. 비록 귀신 들렸고 몸이 굽어져 땅으로 자란 여성이지만 예수님께서는 그 여성이 아브라함의 딸, 곧 구원받은 약속의 백성이었습니다.
　만일 소그룹 안에서 연약하거나 내성적인 사람을 은근히 외면하는 행동을 한다면 주님은 틀림없이 분노하실 것입니다. 하찮게 보이거나 무시해도 괜찮아 보이는 사람에게 일부러 시선을 주지 않고, 잘 아는 사람들과만 이야기하는 것은 그 사람을 실족하게 하는 무서운 죄 입니다.
　우리 주님께서는 그 상처 입는 사람의 고통스러운 신음소리를 들으십니다. 왜냐하면 우리 주님은 외로운 사람들을 결코 그냥 지나치지 못하시기 때문입니다. 참으로 인격적이신 우리 예수님에 대해 우리가 조금은 예측할 수 있지 않습니까?
　어느 모임에서든 소외 당하여 상처 입는 사람들은 자기도 모르게 신음을 토합니다. "주님, 왜 이렇게 외롭고 사람들의 시선이 힘이 듭니까?"

이것은 우리 주님의 귀에 크게 들리는 "신호음"입니다. 주님은 소외된 이들의 다급한 요청에 즉시 응답하십니다. 우리는 다음 말씀에서 그런 주님의 인격을 예측할 수 있습니다. 이 말씀은 또한 우리 소그룹에게 중요한 경고를 줍니다.

마태복음 18:7을 읽으세요.

> 실족하게 하는 일이 있음으로 말미암아 세상에 화가 있도다. 실족하게 하는 일이 없을 수는 없으나 실족하게 하는 그 사람에게는 화가 있도다

### 토의질문 14-1.

우리 소그룹에 찾아온 새로운 신자나 연약한 사람들은 우리에게서 어떤 인격적인 모습들을 발견할 수 있을까요? 혹시 나의 어린 시절에 다른 친구에게 상처를 주고 이후에 후회했거나, 상처를 받고 힘들었던 일이 있다면 어떤 일이 있었는지 함께 이야기했으면 좋겠습니다.

### 토의질문 14-2.

우리 소그룹은 어떤 면에서 예측 가능한 성격을 가지고 있습니까?

## 15. 한 영혼의 인격을 최상으로 존중합니다

예수님께서는 다른 사람들로부터 소외 당하고 멸시 받는 영혼들을 최상의 인격으로 존중해 주셨습니다. 주님의 존중을 입은 사람들은 세상 어디서도 맛 볼 수 없는 영생의 샘물을 맛볼 수가 있었습니다.

더운 대낮에, 그것도 혼자 우물가에 왔던 사마리아 여자가 동네에 들어가서 "그리스도가 오셨다"고 외쳤던 것은 그녀가 그리스도의 샘물을 맛보았기 때문이었습니다. 그 샘물은 바로 자신을 최고로 존중해 주신 예수 그리스도의 인격이었습니다.

요한복음 4:28-30을 읽으세요.

> 여자가 물동이를 버려 두고 동네로 들어가서 사람들에게 이르되 내가 행한 모든 일을 내게 말한 사람을 와서 보라 이는 그리스도가 아니냐 하니 그들이 동네에서 나와 예수께로 오더라

**E.** 여자는 동네 사람들에게 예수를 어떤 분이라고 소개하였습니까?
➡ _____

그 여성은 예수님께서 자신이 행한 모든 일을 알고 말하신 분이라 소개하였습니다. 사실 이 여성이 예수님을 떠나 동네로 가기 전에 예수님께서는 예배에 대한 그녀의 질문에 대답하시면서 그녀와의 대화를 마무리하셨습니다. 예수님의 대답과 그녀의 태도를 살펴볼 필요가 있습니다.

요한복음 4:23-25을 읽어 보세요.

> 아버지께 참되게 예배하는 자들은 영과 진리로 예배할 때가 오나니 곧 이 때라 아버지께서는 자기에게 이렇게 예배하는 자들을 찾으시느니라 하나님은 영이시니 예배하는 자가 영과 진리로 예배할지니라 여자가 이르되 메시야 곧 그리스도라 하는 이가 오실 줄을 내가 아노니 그가 오시면 모든 것을 우리에게 알려 주시리이다

**F.** 예배에 대한 예수님의 대답은 말 그대로 최고의 대답이었습니다. 그런데 막상 질문한 그 사마리아 여자는 예수님의 말씀의 뜻을 다 이해했을까요?
➡ _____

예수님의 대답은 예배에 관한 한 더 이상의 정의가 필요없을 만큼 완벽한 대답이었습니다. 그리고 그녀가 들은 대답은 이 세상의 어떤 사람도 들을 수 없었던 최고의 대답이었습니다. 하지만 그녀는 아쉽게도 예수님의 말씀의 뜻을 다 이해하지는 못한 것 같습니다. 마치 다른 일에 마음이 쓰여서 얼른 말문을 막고 "메시야가 오시면 우리가 더 밝히 알게 될 것입니다"라며 피하는 것 같습니다.

그리고 그녀가 동네 사람들에게 예수님을 소개할 때는 "자신이 행한 일을 말해 주신 분"이라 소개합니다. "내가 행한 모든 일을 내게 말한 사람을 와서 보라 이는 그리스도가 아니냐?" 인상적이지 않습니까?

그 여자가 행한 모든 일은 무엇이었습니까? 그 여자는 남편 다섯이 있었다가 남편이 아닌 여섯 번째 남자와 동거하는 여성이었습니다. 오늘날 21세기에도 흔하게 볼 수 없는 기록의 보유자였습니다. 그러다보니 그녀는 소외된 삶을 살았고, 낯선 사람을 만났을 때 그녀의 삶에서는 짜증이 묻어나고 있었습니다.

요한복음 4:7-9을 읽으세요.

> 사마리아 여자 한 사람이 물을 길으러 왔으매 예수께서 물을 좀 달라 하시니 이는 제자들이 먹을 것을 사러 그 동네에 들어갔음이러라 사마리아 여자가 이르되 당신은 유대인으로서 어찌하여 사마리아 여자인 나에게 물을 달라 하나이까 하니 이는 유대인이 사마리아 인과 상종하지 아니함이러라

G. 물을 달라고 하는 예수님께 그녀는 처음에 어떻게 대답하였습니까?
➡ _____

그녀는 목마르고 지친 예수님에게 왜 사마리아 여자인 자기에게 물을 달라고 하느냐며 외려 예수님께 되물었습니다. 이렇게 까칠하고 경계심이 많던 그녀가 나중에는 예수님을 그리스도라 외쳤습니다. 그것도 자신을 외면하던 동네 사람들에게 가서 주님을 그리스도라고 소개합니다.

예수께서 어떻게 그녀를 대하셨기에 그렇게 말을 하였을까요?

그녀의 말의 행간에는 다음의 몇 마디가 생략되거나 함축되어 있습니다.

> "이 분은 나를 처음 만났을 때 벌써 나의 과거를 다 알고 계신 분이었습니다. 그런데 이 분은 내 과거를 알고 나를 외면한 동네 사람들과 같지 않았습니다. 나를 정죄하거나 외면하는 대신 나를 최고의 인격으로 존중해 주셨습니다. 내가 어떤 사람인지 알면서도 나의 질문에 최고의 답을 주셨습니다. 내가 부끄러워 피하고 싶을 때 나의 부끄러움을 덮어 주셨습니다. 이 분이야 말로 약속된 메시야 곧 그리스도가 아니고 무엇이겠습니까?"

예수님은 이 대화의 팔로워(follower)이셨습니다. 그녀의 대화를 따라감으로써 그녀를 최고로 존중해 주셨습니다. 결국 그녀가 예수를 그리스도라 고백하고 소개하였습니다.

인격적이신 주님, 강요하지 않으시는 주님, 그 대신 마음을 감동시키시는 주님.
그 분이 우리의 구주 그리스도이십니다.

소그룹은 예수님처럼 대화의 팔로워들이 모인 곳입니다. 세상 사람들이 하찮다고 여기는 사람들을 우리는 언제나 최고의 인격으로 존중합니다.

예수님은 버릇없이 퉁명스럽게 말하는 그 여인을 꾸중하지 않으셨습니다.
그녀가 어떤 여성인 줄 알면서도 그녀를 존중하며 대화하셨습니다.
그 여인에게 예배에 있어서 가장 소중한 신학을 말씀하셨습니다.
남편 이야기를 꺼내셨으면 사실을 드러내고 그녀를 수치스럽게 만드실 수도 있었지만 그녀가 이끄는 대로 다른 이야기로 이끌려 가셨습니다.

하지만 예수님은 그 상처 입은 여인의 가시를 그대로 품고 그 여성을 따뜻하게 받아 주셨습니다. 남편 이야기에 깜짝 놀라 뒷걸음질치는 그 여인의 신학적 질문에 최고의 대답으로 존중을 표현하셨습니다. 남편의 이야기가 아킬레스 건과 같이 중요한 문제이지만, 그 여성이 수치심을 느낄 정도로 몰아 부치지 않고 조용히 피할 길을 열어 주셨습니다.

사람을 치료하고 위로하시는 섬세하신 예수님의 모습을 두고 선지자 이사야는 어떻게 예언하였습니까?

마태복음 12:19-20을 읽으세요.

> 그는 다투지도 아니하며 들레지도 아니하리니 아무도 길에서 그 소리를 듣지 못하리라 상한 갈대를 꺾지 아니하며 꺼져가는 심지를 끄지 아니하기를 심판하여 이길 때까지 하리니

H. 우리 소그룹 공동체는 상한 갈대와 같이 자신을 지탱하기도 힘겨운 사람들, 꺼져가는 심지와 같이 생명의 빛이 위태로운 사람들을 어떻게 대하여야 할까요?

➡

___

어떤 사람은 상담을 "사실을 캐묻는 질문"이라 생각합니다. 절대 그렇지 않습니

다. 상대방의 마음은 개의치 않고 그저 무슨 일이 있었는지, 무엇을 했는지, 왜 그랬는지 등등 육하원칙을 따져서 새로운 사실을 캐내려 한다면 외려 더 큰 상처를 주게 됩니다. 그것은 매우 비인격적인 태도입니다.

상담에서는 대화의 따뜻함이 느껴져야 합니다. 예수님과 같이 섬세함이 느껴져야 합니다. 그 가운데서도 마음이 어떠냐고 물어 주는 것은 한 영혼을 진정으로 품어 주고 위로하는 길입니다.

예수님의 대화는 어리고 여린 아기를 따뜻하게 품는 따뜻한 엄마의 품과 같습니다. 예수님은 사마리아 여인이 자신의 수치를 피하려 할 때 안전한 피난처가 되어 주셨습니다. 그리고 그 여성이 주제를 바꿀 때에는 그 이유를 아시면서도 그녀의 대화를 따라가셨습니다. 예수님은 이 대화의 팔로워이셨습니다.

### 토의질문 15.

상대방이 여유 없이 짜증을 낼 때 그것을 받아줄 수 있는 마음의 너그러움, 다른 사람의 이야기를 조용히 뒤따라가며 세심하게 들어줄 수 있다면 그것은 최고의 존중입니다. 위에 나타난 예수님의 인격적인 모습에서 볼 때 우리는 소그룹의 대화를 어떻게 더 따뜻하게 만들어 갈 수 있을까요?

---

### 한 주간 실천사항 1

⊃ 병들고 아픈 사람을 만나, "당신은 하나님의 사랑 받는 자녀입니다" 라고 한 번 말해 주세요.

### 한 주간 실천사항 2

⊃ 가족들이나 낮은 사람들에게 내 성격대로 해 주고 싶은 잔소리를 한 번 참아봅시다. 그 대신 고개를 끄덕이며 "당신의 말도 일리가 있네요!" 라고 말씀해 보세요.

# 우리 소그룹은 성령님의 인격을 닮아갑니다.

**주제 1** 성령님은 믿는 자들을 돕도록 우리 곁으로 부름 받으신 분이다.

**주제 2** 악한 영들은 연약한 사람이나 자기를 섬기는 사람들 사이에 거주하면서, 살아 있는 사람이나 동물들이 고통당하고 멸망하기를 바란다.

## 16. 우리 성령님은 상담자, 위로자, 돕는 자이십니다.

하나님의 크신 구원의 경륜 가운데 그리스도께서 부활 승천하신 후에 주님은 성령님을 보내시겠다고 말씀하셨습니다. 새로 오시는 성령님의 이름은 보혜사였습니다.

요한복음 16:7을 읽으세요.

"그러나 내가 떠나가지 아니하면 보혜사가 너희에게로 오시지 아니할 것이요 가면 내가 그를 너희에게로 보내리니…"

A. 보혜사 성령께서 우리에게로 오시는 조건은 무엇입니까?

_____

보혜사 성령님은 예수님께서 떠나셔야 우리에게 오실 수 있었습니다. 예수님께서 가셔서 아버지 하나님과 함께 보혜사 성령님을 우리에게 보내셨습니다.

보혜사는 상담자, 위로자, 도와주시는 분으로 각각 번역될 수 있습니다. 신약성경이 기록된 헬라어 원어로 파라클레이토스 입니다. 그것은 "곁에 부름 받은 분"이라는 뜻입니다. 성령님은 우리를 위로, 상담, 도우시기 위해 믿는 우리 곁으로 부름 받으신 분입니다.

B. 보혜사의 헬라어 뜻이 우리에게 주는 위로는 무엇입니까?
➡ _____

　소그룹 리더와 먼저 믿는 소그룹 가족들은 연약한 자들의 곁으로 부름 받은 자들과 같습니다. 한 영혼을 존중하고 위로하고 도와주는 성령님의 인격을 닮은 사람들입니다.
　성령께서 우리를 인격적으로 존중해 주시는 가장 대표적인 말씀 가운데 하나가 로마서 8:16입니다. 그 말씀을 함께 읽어보겠습니다.

　　성령이 친히 우리 영과 더불어 우리가 하나님의 자녀인 것을 증언하시나니!

C. 우리는 우리 자신이 하나님의 자녀인 것을 고백합니다. 그 고백은 누구와 누구의 합작품입니까?
➡ _____

　우리가 하나님의 자녀임을 증언하는 것은 성령님 홀로의 사역이 아닙니다. 물론 우리 인간들의 독창적인 일도 결코 아닙니다. 우리가 하나님의 자녀라 증언하는 것은 성령께서 우리 영과 더불어 함께 하는 사역입니다. 성령님은 이 일에 있어서 우리의 영을 가장 중요한 파트너로 인정하십니다. 그러므로 성령께서 존중하시는 우리의 영은 참으로 중요한 존재입니다.
　그런데 우리 자신의 영을 무가치하게 여기거나 혹은 이것을 거추장스럽게 생각하는 사람들도 있습니다. 나를 극복하고 나를 버려야만 진정하고 고상한 가치를 이루는 것처럼 생각합니다.
　결코 그렇지 않습니다. 우리의 영은 성령님의 파트너입니다. 성령님은 우리의 영을 중요한 동반자로 여기시고, 우리가 하나님의 자녀임을 증언하실 때도 혼자 하시지 않고 우리 영과 더불어 증언하십니다.
　아기를 목욕시킬 때 물에 푹 담갔다가 꺼내면 되나요?
　그랬다간 정말 큰 일 납니다.
　아기를 깨끗이 목욕시킨 후에 아기를 버릴까요, 아니면 더러운 물을 버릴까요?

아기를 버리면 큰 일 납니다.

마찬가지로 그리스도의 피로 깨끗하게 씻은 하나님의 자녀들이 자신의 영을 가볍게 생각하거나 함부로 자기 영의 가치를 다른 것과 바꾸는 것은 매우 위험한 일입니다. 우리 영은 성령님의 가치로운 동반자입니다.

바로 그 성령님이 우리에게 상담자, 위로자, 돕는 자가 되십니다.

온유함 가운데 우리를 도우시는 성령님은 우리 소그룹이 가져야 할 인격의 참된 모델이 되십니다.

### 토의질문 16.

성령께서는 결코 우리의 영을 무시하지 않으십니다. 그 대신 우리의 영을 감동시키시고, 우리의 영과 더불어 내가 하나님의 자녀임을 증언하십니다. 이 사실이 나에게 주는 격려와 위로에 대해 함께 나누어 보세요.

## 17. 성령님은 지극히 온유하시지만, 악한 영들은 한없이 거친 존재들입니다.

성령님은 온유하십니다. 믿는 자들 가운데 함께 계시지만 그들을 감동하실 뿐 강요하시지 않습니다. 만일 성령님의 성품에 대해 묻는다면 아마도 외향적이시기 보다는 내향성이 강하실 것 같습니다. 우리 가운데 임재하여 계시면서도 좀처럼 당신의 존재를 드러내지 않으시기 때문입니다.

먼저 로마서 8:26을 읽으세요.

> 이와 같이 성령도 우리의 연약함을 도우시나니 우리는 마땅히 기도할 바를 알지 못하나 오직 성령이 말할 수 없는 탄식으로 우리를 위하여 친히 간구하시느니라

그 다음에는 에베소서 4:30을 읽어 보세요.

> 하나님의 성령을 근심하게 하지 말라 그 안에서 너희가 구원의 날까지 인치심을 받았느니라

D. 위의 두 구절에서 성령님은 어떻게 하시는 분이라고 말하고 있습니까?
➡ _____

성령님은 당신의 존재를 외향적으로 드러내시기 보다 우리 안에서 탄식하시거나 근심하시는 편을 택하십니다. 심지어 우리가 성령님의 존재를 잊어버리고 잘못된 선택이나 행동을 할 때도 성령께서는 근심하고 계십니다.

우리 예수님은 연약한 자들을 보시면 긍휼히 여기셨습니다. 성령으로 충만하신 분이셨기 때문입니다. 치료와 자유, 선한 일과 영적인 해방, 이 모든 것은 예수 그리스도와 성령님, 그리고 하나님 아버지의 인격적인 구원의 사역이었습니다.

누가복음 4:18-19을 읽으세요.

> 주의 성령이 내게 임하셨으니 이는 가난한 자에게 복음을 전하게 하시려고 내게 기름을 부으시고 나를 보내사 포로 된 자에게 자유를, 눈 먼 자에게 다시 보게 함을 전파하며 눌린 자를 자유롭게 하고, 주의 은혜의 해를 전파하게 하려 하심이라 하였더라.

E. 성령께서 예수께 임하시고 기름 부으셔서 어떤 일들을 하게 하셨습니까?
➡ _____

사도행전 10:38도 읽어 주세요.

> 하나님이 나사렛 예수에게 성령과 능력을 기름 붓듯 하셨으매 그가 두루 다니시며 선한 일을 행하시고 마귀에게 눌린 모든 사람을 고치셨으니 이는 하나님이 함께 하셨음이라

F. 성령과 능력이 기름 붓듯 함으로 예수께서는 어떤 일을 하셨습니까?
➡ _____

G. 이 구절에 따르면 성자 예수의 구원과 치유 사역을 위해 성부 하나님과 성령님께서는 각각 어떻게 역사하셨습니까?
➡

 

하나님의 영이신 성령님은 나사렛 예수님의 사역에 기름 붓듯 함께 하셨습니다. 모든 선한 일과 마귀에게 눌린자들의 해방과 치료는 성령의 능력이며 역사였습니다. 그 사역에 하나님이 함께 하셨습니다. 성령께서 충만히 임재하신 곳에 하나님이 함께 계셨습니다. 그곳에 삼위 하나님께서 함께 놓임과 치료의 사역을 하셨습니다.

다른 한 편, 악한 영들의 역사는 어떨까요? 사단과 그 졸개인 악한 영들의 인격은 파괴적이고 자기 중심적입니다. 이 악령들은 귀신들을 가리킵니다. 귀신은 하나님께 불순종하고 영원히 멸망 당할 운명을 가진 영적인 존재들입니다.

이들은 결코 죽은 사람의 영혼이 아닙니다. 교부 오리겐은 그것을 매우 선명하게 지적하였습니다. 외려 이들은 회개의 기회를 잃어버린 저주받은 존재들입니다. 이들 역시 지, 정, 의를 가진 인격체들입니다. 그러나 그들의 존재는 결코 보배롭지 않습니다.

예수께서 변화산에서 내려오셨을 때 제자들이 귀신들린 한 아이와 씨름하고 있었습니다.

마가복음 9:17-18을 읽으세요.

> 무리 중의 하나가 대답하되 선생님 말 못하게 귀신 들린 내 아들을 선생님께 데려왔나이다 귀신이 어디서든지 그를 잡으면 거꾸러져 거품을 흘리며 이를 갈며 그리고 파리해가는지라 내가 선생님의 제자들에게 내쫓아 달라 하였으나 그들이 능히 하지 못하더이다

H. 위의 구절에서 귀신은 그 아이에게 어떤 일을 행하였습니까?
➡

 

귀신들이 가장 원하는 것 중의 하나는 인간의 몸 속에 들어가 그 생명체를 주관하는 것입니다. 인간의 판단력, 목소리, 손이나 발, 더 나아가 인간 육체와 영혼 전체

를 사로잡고 그를 멸망시키는 것입니다. 그들은 이에 대한 매우 강력한 욕구를 가지고 있습니다.

위의 구절에 나오는 아이에게는 말을 하지 못하게 하였습니다. 그리고 사람의 인격성을 무시하고, 거품을 흘리게 하고 파리하게 만들었습니다.

특히 악한 영들은 약한 어린 아이들이나 청소년, 우울하거나 소외 당한 여성들, 소심하고 병약한 남성들을 그들의 표적으로 삼습니다.

그 아버지는 아들의 증상을 좀 더 구체적으로 설명합니다.

마가복음 9:21-22를 읽으십시오.

> 예수께서 그 아버지에게 물으시되 언제부터 이렇게 되었느냐 하시니 이르되 어릴 때부터니이다 귀신이 그를 죽이려고 불과 물에 자주 던졌나이다…

1. 위의 구절에 따르면 귀신 즉 악한 영들이 연약한 사람을 볼 때 가지게 되는 소원은 무엇일까요?

➡ _____

사단이 한 사람을 사로잡으면 거의 죽을 지경에 이르도록 그 사람의 몸과 영혼을 황폐하게 만듭니다. 마치 사나운 사자가 어린 가젤 염소를 조금도 불쌍히 여기지 않는 것과 같습니다. 사단은 싸이코패스와 같습니다. 사단이 원하는 것은 자신이 그 사람들 위에 왕으로 군림하는 것입니다. 그가 사용하는 수단은 파괴와 두려움입니다.

악한 영들은 그 사람의 목소리를 통해 소름 끼치고 무서운 목소리를 냅니다. 사납고 흉한 얼굴을 보여 줍니다. 더러운 냄새가 나게 합니다. 그리고 잠을 못 자게 그 사람을 끌고 다니며, 심지어 공동묘지 사이에서도 자게 합니다. 아무리 강한 쇠사슬도 끊어버리고, 그 사이에 그 사람의 육체는 이리저리 망가집니다.

이것이 악한 영들의 '미친 존재감'입니다.

자신도 망하고 남도 망하게 하는 것이 악한 영들의 일입니다.

놀라운 것은 이들도 인격적인 존재입니다. 그래서 분신사바를 하며 영적인 경계를 넘나드는 청소년들, 위자보드(Ouija board)와 같이 마술게임을 하는 소녀들, 요가나 기 체조를 하는 성인들에게 기꺼이 들어오고 싶어 합니다. 그리고 자신들을 숭배하는 무속인들의 길잡이가 되어 하나님인 척 가장하기도 합니다.

악한 영들은 성격장애자들입니다.

다른 사람의 연약함을 자신을 위한 약탈의 기회로 삼습니다.

때로 우리가 잠을 잘 때 가위눌림을 당할 때가 있는데, 그것은 인간의 자기 통제력과 의지가 약해지는 시간에 나타납니다. 믿는 사람들도 두려움에 사로잡혀 영적인 싸움을 하곤 하고, 힘겹게 잠을 깹니다. 가위눌림이나 꿈을 꿀 때 중요한 것은 우리의 감정입니다. 만일 우리 마음이 두렵고 힘들다면 자다가도 깨어 기도해야 합니다. 우리는 분명히 사단의 권세가 가까이 있다는 것을 느끼기 때문입니다. 우선 우리의 삶에서 사단이 좋아하는 죄의 찌꺼기들을 제거해야 합니다.

더 나아가 소그룹 공동체에서는 각자 자신으로부터 이런 악한 인격적인 흔적들을 제거해야 합니다. 비방, 시기, 질투, 탐욕, 정욕, 비교와 열등감, 불필요한 우월감, 자기만을 드러내는 존재감, 남을 이용하려는 악한 욕구들을 다스려야 합니다. 성령 충만은 윤리적 온전성과 함께 갑니다.

### 토의질문 17.

성령님의 인격과 악한 영의 인격이 어떻게 다른지 이야기해 봅시다. 우리가 소그룹에서 보여주어야 할 성령님의 인격은 무엇입니까? 그리고 우리가 피해야 할 나쁜 인격의 모습은 어떤 것들이 있습니까?

---

#### 한 주간 실천사항 1

▶ 성령의 동반자로서, 자기 자신이나 남을 업신여기는 마음을 내려놓아 보세요.

#### 한 주간 실천사항 2

▶ 성령이 충만하면 어두움이 물러갑니다. 어두움에서 두려워하는 사람 한 명을 기도하며 위로해주세요.

## Lesson 9과

# 우리 소그룹은 성령의 열매를 맺어갑니다.

**주제 1** 성령의 아홉 가지 열매는 우리가 인간 관계 안에서 반드시 맺어야 하는 열매들이다.

**주제 2** 사람들의 마음에 불필요한 두려움을 일으키거나 영적인 협박을 통해 자신의 존재감을 나타내는 것은 성령의 인격적인 사역이 아니다.

### 18. 강요하는 대신 감동을 줍니다.

하나님께서 처음 창조하신 인간은 참으로 아름다웠습니다.

하나님의 형상으로 지어져서 인격적이고 서로 감동하고, 존중하며, 칭찬할 줄 아는 인격체였습니다.

창세기 2:21-23을 읽어 보세요.

> 여호와 하나님이 아담을 깊이 잠들게 하시니 잠들매 그가 그 갈빗대 하나를 취하고 살로 대신 채우고 여호와 하나님이 아담에게서 취하신 그 갈빗대로 여자를 만드시고 그를 아담에게로 이끌어 오시니 아담이 이르되 이는 내 뼈 중의 뼈요 내 살 중의 살이라 이것을 남자에게서 취하였은즉 여자라 부르리라 하니라

**A.** 아담의 말에서 여자를 처음 보았을 때 아담의 마음은 어떠했을까요?

➡ _____

아담은 하와에 대하여 경탄하고 칭찬해 마지 않았습니다. 그리고 그에게 아름다운 이름을 지어 선물하였습니다. 태초에 창조된 두 인간 사이의 참 아름답고 예쁜 출발이었습니다.

하지만 타락은 곧 아담과 하와, 인간과 하나님의 관계를 무너뜨렸습니다. 인간이 하나님을 불순종하여 타락하는 순간, 인간은 하나님을 원망하고 비난하였습니다. 순식간에 자신의 책임을 아내에게 떠넘기고, 자기를 합리화하는 데 익숙해졌습니다. 심지어 하나님까지 비난하며 자신의 시각을 강요하였습니다.

창세기 3:12을 읽으세요.

> 아담이 이르되 하나님이 주셔서 나와 함께 있게 하신 여자 그가 그 나무 열매를 내게 주므로 내가 먹었나이다

B. 아담은 하나님께 불순종한 후에 하나님과 여자에 대해 무엇이라 비난하고 있습니까?

➡ _____

타락은 하나님과 인간 관계를 무너뜨렸습니다. 인간은 하나님을 원망하였습니다. 타락은 인간과 인간의 관계를 무너뜨렸습니다. 서로에 대한 인격적인 존중은 순식간에 사라지고, 오직 서로에 대한 비난과 핑계가 인간 관계 속에 깊숙이 자리를 잡았습니다. 아담은 자기변명을 위해 하나님과 여자 모두를 비난하였습니다.

타락 후 인간의 모든 부분이 죄로 오염되었지만 특히 서로에 대한 인격적인 존중과 사랑이 오염되었습니다. 인간은 지극히 자기 방어적이고 자기 중심적인 존재가 되고 말았습니다.

그 절망적인 인간 존재와 무너져버린 인간 관계가 그리스도 안에서 새롭게 되었습니다.

고린도후서 5:17-19을 읽으세요.

> 그런즉 누구든지 그리스도 안에 있으면 새로운 피조물이라 이전 것은 지나갔으니 보라 새 것이 되었도다 모든 것이 하나님께로서 났으며 그가 그리스도로 말미암아 우리를 자기와 화목하게 하시고 또 우리에게 화목하게 하는 직분을 주셨으니 곧 하나님께서 그리스도 안에 계시사 세상을 자기와 화목하게 하시며 그들의 죄를 그들에게 돌리지 아니하시고 화목하게 하는 말씀을 우리에게 부탁하셨느니라

C. 새로운 피조물의 신분은 누구 안에서 회복 됩니까?
➡ _____

D. 우리가 새로운 피조물이 된 이후에 하나님과 우리가 공통적으로 하게 되는 사역은 무엇입니까? 위의 구절에서 반복되는 표현 하나를 찾아 보세요.
➡ _____

　새로운 피조물은 그리스도 안에서 만들어집니다. 그리고 그들은 하나님과 함께 화목하게하는 사역과 직분을 맡게 되었습니다.
　첫 사람 아담과 다르게 마지막 아담 예수님은 죄를 인간들에게 돌리지 않으셨습니다. 남에게 핑계대지 않으시고 당신 자신이 죄를 담당하셨습니다. 그래서 하나님과 인간이 화목하게 되었습니다. 그리고 우리 서로에게 화목하게 하는 말씀을 부탁하셨습니다.
　교회는 그리스도 안에서 새로운 피조물로 거듭난 사람들의 모임입니다. 그리고 서로 화목하게 하는 교회의 사역으로 말미암아 그리스도 밖에 있던 사람들을 하나님께 초청하고 화목하게 하여 자신들과 똑 같은 새 피조물이 되도록 돕는 것이 우리 소그룹의 중요한 역할입니다.
　그러므로 소그룹은 거듭난 사람들이 새롭게 된 인격으로 서로를 돌보고 존중하는 공간입니다. 성령께서는 그 새로운 인격과 관계를 온전히 성숙하도록 도우십니다.

　갈라디아서 5:22-23을 읽으세요.

> 오직 성령의 열매는 사랑과 희락과 화평과 오래 참음과 자비와 양선과 충성과 온유와 절제니 이 같은 것을 금지할 법이 없느니라

　성령의 아홉 가지 열매들은 우리가 성령님을 닮을 때 맺는 인격적인 관계의 열매들입니다. 이 열매들 하나 하나를 먼저 살펴 보세요. 사랑과 희락과 화평, 오래 참음… 이 모든 것은 인간관계에서 맺어야 할 열매들입니다. 이것은 성령 받았다고 자랑하며 대단한 기적이나 능력을 과시하는 것과는 거리가 멉니다.

그러므로 우리 그리스도인들은 성령 충만할수록 더욱 인격적인 사람들이 되어야 합니다. 우리 모두가 다른 사람을 이해하고 존중하며 감동하게 하는 인격자들이 되는 것입니다.

따라서 우리 소그룹은 인격적인 모임이 되어야 합니다. 물건을 강매하듯 소그룹 가족들이나 새로 나오는 사람에게 어떤 것을 강요하는 인상을 주어서는 안됩니다.

세월이 갈수록 사람들은 남을 존중할 뿐만 아니라 자신도 인격적인 존중을 받기를 기대합니다. 그리고 성령님은 인격적으로 한 사람 한 사람을 존중하시는 분이십니다. 소그룹은 인격적이고 아름다운 성령의 열매가 구체적으로 나타나는 곳이어야 합니다.

성령님은 결코 거친 인격을 가진 분이 아니십니다. 온유하시고 감동시키시되 결코 거칠게 휘저으시는 분이 아닙니다. 차라리 안으로 고민하시고 근심하십니다. 그리고 오래 참으십니다.

성령의 열매는 곧 성령께서 우리를 감동하실 때 나타나는 결과들입니다. 이것은 인격적인 열매들입니다. 그러므로 성령의 열매는 그리스도인들의 인간관계에서 나타나야 하는 열매들입니다. 그 열매들을 우리 소그룹이 풍성하게 맺어야 합니다.

### 토의질문 18.

성령의 열매는 혼자 묵상하는 가운데 열리는 것이 아닙니다. 혹은 자신의 능력이나 은사를 자랑하는 곳에서 맺히는 것도 아닙니다. 성령의 열매는 우리의 일상적인 인간 관계 속에서 맺혀져야 합니다. 우리 소그룹에서 일어나는 일들 가운데 어떤 모습들이 성령의 열매라고 할 수 있을까요?

## 19. 불필요한 두려움은 비인격적입니다.

성령 충만을 힘이나 능력, 병 고침이나 금 이빨을 만드는 것이라고 생각하는 것은 지극히 제한된 생각입니다. 안타깝게도 그것은 성령님을 자기 자랑의 도구로 삼는 것입니다. 우리는 성령님을 비인격적인 능력이나 기적의 힘으로만 여겨서는 안됩니다.

그래서 토레이(R. A. Torrey)는 어떻게 성령의 능력을 손에 넣을까가 아니라 어떻게 하면 성령님을 인격적으로 더 깊이 모실까를 고민해야 한다고 말하였습니다. 우리가 성령님을 인격으로 생각하고 믿는다면 기도와 깊은 말씀의 묵상의 삶을 사는 가운데 성령님과 어떻게 더 면밀하게 교제할까를 고민해야 합니다.

그러므로 우리는 성령님께 적극적으로 기회를 드려야 합니다. 성령께서 충만하시도록, 성령께서 감동하시도록, 그리고 성령께서 우리 관계를 변화시키시도록 그 분께 주권을 맡겨야 합니다. 우리의 섬김과 성숙함을 위해 모든 은사를 나누어 주시는 주권자가 바로 성령님이십니다.

고린도전서 12:11을 읽으세요.

> 이 모든 일은 같은 한 성령이 행하사 그의 뜻대로 각 사람에게 나누어 주시는 것이니라

E. 부족한 인간들에게 주어지는 위대한 은사들, 곧 지혜의 말씀, 지식의 말씀, 믿음, 병 고치는 은사, 능력 행함, 예언함, 영들 분별함, 각종 방언 말함, 방언들 통역함 등의 은사를 각 사람의 필요에 따라, 공동체의 유익을 위해 나누어주시는 분은 누구입니까?

➡ _____

성령님은 서로 너무나 다른 우리를 하나로 묶어주는 분입니다. 수평적으로 서로 다른 사람들을 하나로 묶어 주십니다. 그리고 수직적으로 하나님과 그 아들 예수님과 우리를 하나로 묶어 주십니다.

고린도전서 12:12-13을 읽으세요.

> 몸은 하나인데 많은 지체가 있고 몸의 지체가 많으나 한 몸임과 같이 그리스도도 그러하니라 우리가 유대인이나 헬라인이나 종이나 자유인이나 다 한 성령으로 세례를 받아 한 몸이 되었고 또 다 한 성령을 마시게 하셨느니라

F. 위의 구절에서 인종, 신분, 소유의 차이를 극복하고 우리를 특별한 한 몸으로 만들어 인격적으로 소통하게 하시는 삼위 가운데 두 분은 누구입니까?
➡ _____

그러므로 성령의 주심은 그리스도의 몸을 세우고, 그 인격적인 관계를 풍성하게 하고 유익하게 하기 위해서입니다. 우리는 그리스도 안에서 다양한 지체이면서 하나이고, 성령 안에서 다양한 은사를 받았지만 또한 한 몸입니다. 교회와 교회 안의 소그룹은 너무나도 특별합니다.

에베소서 5:18을 읽으세요

> 술 취하지 말라 이는 방탕한 것이니 오직 성령으로 충만함을 받으라

G. 술 취함과 성령 충만의 차이점과 공통점을 이야기해 보세요.
➡ _____

술과 성령님은 공통적으로 인간의 몸 안에서, 그리고 인간의 관계 안에서 역사합니다. 몸 깊이 들어가서 중대한 변화들을 일으킵니다. 술은 인간을 방탕하게 하고, 인간의 관계를 파괴합니다. 그러나 성령님은 인간을 거룩하게 하고, 존중하게 하며, 공동체를 세워가게 합니다.

그러므로 성령께서 우리에게 온전히 충만하시도록 간구하는 기도는 하루 한 번의 기도가 아니라, 매일 매일, 그리고 매 순간 생각날 때마다 드려야 할 진실한 기도의 제목이어야 합니다. 그럴 때 인격적이신 성령님께서 기쁘게 기회를 얻으시고, 사모하고 기도하는 사람의 삶에 자유롭고 충만하게 역사하실 것이기 때문입니다.

그런데 성령님을 핑계 삼아 자신의 권력을 과시하는 사람들이 참 많이도 있습니다.
"여러분, 저기 계신 분의 어깨에 귀신이 앉아 있습니다!"

이렇게 말도 되지 않는 소리를 외치는 설교자도 있었습니다. 자신이 영적인 것들을 볼 수 있다는 자랑을 하고 있는 겁니다. 결국 사람들을 무섭게 하고 자신의 권능을 세우는 것, 이것은 매우 비인격적인 행위입니다.
"너는 절대 교사 임용시험에 합격할 수 없어. 너는 목회자가 돼야 해!"

어느 사역자가 한 자매에게 했던 '예언'입니다. 사실은 거짓 예언이었습니다. 그 자매는 오랜 기도와 노력 끝에 당당히 임용고시에 합격하여 교사가 되었습니다. 하나님께서 아직 그녀를 목회자로 부르지도 않으셨습니다. 그런데 남의 미래와 운명을 이렇게 쉽게 단정지어서 말하는 것은 매우 비인격적인 사역입니다. 그것은 성령님의 인격적인 사역이 아닙니다. 그런데 지금도 많은 그리스도인들, 그것도 신령하다고 말하는 사람들이 이런 일을 하고 있습니다.

그 자매가 그 예언에 대해 이렇게 말을 하였습니다.

"그 예언은 내 목의 칼과 같았습니다."

그 거짓 예언은 그 자매로 하여금 무슨 일도 하지 못하게 하고, 성령 안에서의 자유를 빼앗아 간 예언이었던 것입니다. 성령님은 우리를 자유롭게 하시고 해방하시는 분이십니다.

어떤 사람들은, "제가 꿈에서 집사님을 보았어요" 하면서 마치 예언자 흉내를 내는 사람도 있습니다. 뚱딴지같은 이야기이지만 믿음이 약한 사람들을 겁주고 얽어매는 나쁜 습관입니다. 그런 이야기에서 자유하십시오. 성령님은 자유를 주시는 분입니다.

우리는 성령께서 자유로이 역사하셔서 방언이나 예언의 일들을 얼마든지 하실 수 있음을 믿습니다. 다만 한 사람을 두려움으로 속박하거나 그의 미래를 부정적으로 닫아버리는 것은 성령님의 인격적인 사역이 아님을 우리는 기억해야 합니다.

성령께서 하나님의 백성들에게 하시는 일은 막힌 미래를 열고, 끊어진 미래를 영생으로 이어가게 하는 것입니다.

요엘 2:28을 읽어 보세요.

> 그 후에 내가 내 영을 만민에게 부어주리니, 너희 자녀들이 장래 일을 말할 것이며, 늙은이는 꿈을 꾸며, 너희 젊은이는 이상을 볼 것이며… 그 때에 내가 또 내 영을 남종과 여종에게 부어줄 것이며, 내가 이적을 하늘과 땅에 베풀리니 곧 피와 불과 연기 기둥이라.

H. 성령의 부으심을 받은 사람들의 공통적인 특징은 무엇입니까? 그들의 꿈은 무엇에 대한 것입니까?

➡ _____

우리가 묵시를 다 이해할 수는 없지만 적어도 피와 불과 연기기둥이라 하면 전쟁 혹은 세상의 종말 이미지를 떠올릴 수 있습니다. 그런 가운데 성령께서 하시는 일은 종말 너머에 있는 장래를 보게 하시는 것입니다. 젊은이들이든 늙은이들이든 상관없이 성령께서는 우리를 소망이 있는 미래로 연결시켜 주십니다. 그런데 거짓된 예언으로 자신의 권위나 찾고, 다른 사람들의 인생 길을 막아버리는 것은 매우 악한 일입니다.

스스로 믿음이 있다고 생각하는 사람들일수록 소그룹 안에서 겸손해야 합니다. 많은 말을 하기 보다는 다른 사람의 이야기를 끝까지 진중하게 듣는 법을 훈련해야 합니다. 그렇지 않으면 자신의 영적 체험이나 믿음의 경력을 가지고 다른 사람을 지배하려 들기 쉽습니다.

성령에 충만한 사람은 모세나 바나바와 같이 온유하고 인격적인 사람이 됩니다. 남을 주관하거나 판단하기보다, 고개 끄덕이며 듣고 이해하는 사람이 됩니다.

우리 소그룹에는 두려움을 불러일으키며 자기에게 주목하게 하는 사람이 없어야 합니다.

우리 소그룹에는 우울한 사람을 가리켜 믿음 없다고 정죄하는 사람이 없어야 합니다.

우리 소그룹에는 최선을 다해서 노력하는 사람에게 그 일 그만두고 다른 일 해야 한다고 함부로 조언하는 사람이 없어야 합니다.

성령의 열매인 사랑은 오래 참고 온유하며 시기하지 않고, 인격적으로 상대를 존중하는 것입니다.

## 토의질문 19.

다른 사람을 영적으로 얽매거나 두렵게 하면서 정작 하나님보다 자신을 의지하도록 하는 사람들이 있습니다. 하지만 하나님은 우리 각자에게도 성령을 부어 주셨으므로 우리는 두려움에 얽매이지 않고 자유할 권리가 있습니다. 혹시 지금까지 나를 두렵게 하거나 염려하게 했던 미신적인 기우나 예언이 있었다면 함께 이야기해 주세요.

### 한 주간 실천사항 1

➲ 아직 그리스도를 믿지 않는 한 사람을 만나 함께 소그룹에 참여해보자고 권면하세요.

### 한 주간 실천사항 2

➲ 어떤 사람과 만나기 전, 혹은 어떤 중요한 일을 하기 전, 하나님의 영이신 성령께서 나에게 충만하시도록 간절하게 5분간 기도해 보세요.

# 우리 소그룹은 성령님의 충만함을 사모합니다.

**Lesson 10과**

**주제 1** 다른 사람에 대한 비판과 영적 우월감은 소그룹을 해치는 독이다.

**주제 2** 하나님의 동역자인 우리의 마음은 성령 안에서 평안하고 담대해야 한다. 새로운 사람을 초청하는 일에 있어서도 자신의 소그룹 모임에 대한 자신감과 담력을 가질 때 성령께서 충만하게 역사하실 수 있다.

### 20. 믿음이 연약한 자를 비판하지 않습니다.

바울 사도는 로마에 있는 교회에 편지를 하면서 서로 비판하지 말라고 말합니다. 그리고 믿음이 약한 자의 약점을 서로 담당하라고 하였습니다. 로마서 14:13과 15:1을 읽어 봅시다.

> 그런즉 우리가 다시는 서로 비판하지 말고 도리어 부딪칠 것이나 거칠 것을 형제 앞에 두지 아니하도록 주의하라. (로마서 14:13)

> 믿음이 강한 우리는 마땅히 믿음이 약한 자의 약점을 담당하고 자기를 기쁘게 하지 아니할 것이라. (로마서 15:1)

A. 우리는 그렇게 하지 않으면서 "저 사람은 어떻게 하는지 한 번 볼까?" 라며 시험하는 것은 악한 일입니다. 부딪칠 것이나 거칠 것을 둔다는 것은 무슨 뜻입니까?

➡ _____

B. 믿음이 강한 우리가 해야 할 일은 무엇입니까? 그것은 소그룹 안에서 서로 어떻게 하는 것을 말합니까?

➡ _____

특히 우상제물을 먹을 수 있는가 없는가를 두고 초대 로마 교회는 첨예하게 대립하고 있었습니다. 그런데 묻지 않고 고기를 먹는 자들은 못 먹는 사람을 믿음이 약하다고 비난하였고, 먹지 못하는 자들은 먹는 자들을 판단하였습니다. 바울은 이 모든 일에 있어서 "믿음을 따라 하지 아니하는" 죄라고 말합니다. (로마서 14:23) 서로 시험하지 말고, 고기를 먹을 수 있는 강한 자들은 먹을 수 없는 약한 자들의 약점을 담당하고 자기 만족을 추구해서는 안 된다고 말합니다.

우리가 옳지 못한 교회로 규정한 어느 교회에서는 사람들 사이에 믿음의 경쟁을 불러 일으키는 일들을 합니다. 그래서 아무리 다른 교회에서 믿음이 좋았던 사람도 그 교회에 들어오면 믿음이 견고하지 않았다는 사실을 다른 사람에게 "들키게" 되어 있습니다.

이들이 "들킨다"라는 말을 할 때는 한 사람이 다른 사람의 믿음을 관찰하고 판단하는 것을 의미합니다. 믿음 좋다던 사람들을 살펴보니 결국 진정한 복음의 능력을 모르고 있었고, 다른 사람에게 그의 궁핍한 영적인 처지를 들키게 된다는 뜻입니다.

하지만 이 "들킴"의 과정에서 믿음이 있다고 하는 사람들은 새로운 사람이나 연약한 사람의 약점을 찾으려 하게 됩니다. 반대로 연약한 이들은 자신의 약점을 들키거나 노출시키지 않기 위해 긴장하게 됩니다. 이런 불필요한 경쟁이나 영적인 숨바꼭질은 당연히 믿음의 공동체를 비인격적으로 몰아가게 됩니다.

이뿐 아니라 이들은 늘 사단의 존재를 강조하면서 부부간의 싸움조차도 사단의 속임수에 속는 거라고 말합니다. 그래서 "저 남편은 사단이 조종하는 거니까, 물러가라 외치고 속지 말아야 한다"고 말합니다.

"속지 마! 속지 마!"

또한 사단을 꺾거나 결박하는 기도를 자주 요청하면서, "집사님, 사단 꺾는 기도 하셨어요?" 라고 묻기도 합니다. 어쩌면 성령의 도우심을 구하는 것보다 사단을 결박하는 게 우선인 것 같습니다.

설교 말씀을 들은 후에는 서로 묻습니다.

"말씀에서 붙잡은 것 있어? 적용된 것 있어?"

묻는 말에 대답을 하지 못하면 "그것 봐, 뭐 들은 거야?" 라는 판단을 해버립니다. 이런 판단을 받는 사람은 영적으로 깊은 상처를 받게 됩니다.

결국 이런 분위기에서는 영적 우월감을 느끼는 사람들 외에는 평안이나 행복을 느끼기 힘들 것입니다. 우월감을 느끼는 사람들은 여러 메시지들을 줄줄 외고 다니면서 자신의 영적 실력을 과시합니다. 그럴 때 믿음이 연약한 사람들은 인격적인 풍성함 보다는 양심의 속박을 더 많이 경험하게 될 것입니다.

이것은 복음의 인격성을 왜곡하는 일입니다. 교회 공동체에서는 권세나 실력의 문제가 아니라 인격적인 존중과 돌봄이 우선되어야 합니다. 다른 사람들의 문제를 지적하거나 가르치려 들기 전에 믿음이 연약한 자의 약점을 내가 먼저 품어야 합니다. 복음은 권력을 부리거나 상대방을 제압하는 비인격적인 힘의 구조가 아닙니다. 복음은 완전하신 하나님의 인격이 죄와 연약함으로 가득한 우리의 인격을 그리스도의 희생에 의지하여 온전히 품는 것입니다.

교회의 소그룹은 인격적인 공동체입니다. 서로간에 믿음의 우열을 따지거나 판단하지 않습니다. 믿음이 약한 사람이 있으면 더 신경을 써 주고 말과 행동을 더욱 조심스럽게 합니다. 부담을 주는 대신 격려하며, 주어진 부담을 가능한 한 자신이 지려고 노력합니다.

**토의질문 20.**

내가 예언하는 능력을 가지고 있고, 모든 비밀과 모든 지식을 알아도 사랑이 없으면 아무 것도 아닙니다 (고린도전서 13:2). 소그룹 안에서 자신의 지식을 자랑하는 것보다 더 중요한 것은 연약한 자를 사랑하고 인격적으로 존중하는 것입니다. 다른 사람보다 내가 영적으로 더 우월하다고 느낄 때는 언제입니까?


### 21. 담대한 마음으로 나아갑니다.

성경에서 유독 자주 등장하는 말씀이 "담대하라"는 말씀입니다. 하나님께서는 모세를 이어 지도자가 된 여호수아에게 담대하라 하셨습니다. 그리고 이사야를 통해 이스라엘 백성들에게 두려워하지 말라고 하십니다.

여호수아 1:6-7을 읽으세요.

> 강하고 담대하라 너는 내가 그들의 조상에게 맹세하여 그들에게 주리라 한 땅을 이 백성에게 차지하게 하리라 오직 강하고 극히 담대하여 나의 종 모세가 네게 명령한 그 율법을 다 지켜 행하고 우로나 좌로나 치우치지 말라 그리하면 어디로 가든지 형통하리니

C. 땅을 약속하고 주시는 분은 하나님이십니다. 그런데 여호수아가 마음을 강하고 담대하게 가져야 하는 이유는 무엇일까요?

➡ _____

성령께서 그러하듯 우리 하나님은 산 자의 하나님이십니다. 살아계신 하나님은 하나님께서 만드신 하나님의 형상인 사람들과 더불어 일하기를 원하십니다. 하나님은 인간의 두려움과 한계를 잘 아십니다. 두렵고 위축된 가운데서는 하나님의 형상이 온전히 펼쳐지지 못합니다. 하나님은 여호수아가 담대하기를 요구하셨습니다. 그 담대함은 매일의 일상에서의 영적인 순종과 삶의 통일성(integrity)에서 옵니다. 하나님의 말씀을 아침과 저녁으로 묵상하고, 그 말씀에 순종하는 삶을 살 때 하나님과의 동역, 그리고 약속의 땅의 정복이 가능합니다.

우리 소그룹은 말씀에 온전히 순종하는 삶 가운데서 담대함을 갖고, 하나님 안에서 영혼들을 치유하고 구원하는 일에 동역해야 합니다.

이사야 43:1을 또 읽어 주세요.

> 야곱아 너를 창조하신 여호와께서 지금 말씀하시느니라 이스라엘아 너를 지으신 이가 말씀하시느니라 너는 두려워하지 말라 내가 너를 구속하였고 내가 너를 지명하여 불렀나니 너는 내 것이라

D. 위의 본문에서 야곱 곧 이스라엘 백성들이 두려워하지 말아야 할 이유는 무엇입니까? 하나님은 어떤 분입니까?

➡ _____

여호와 하나님은 야곱을 창조하신 분입니다. 이스라엘을 지으신 분입니다. 이스라엘이 두려워하지 말아야 할 이유는 너무나 분명합니다. 하나님이 이스라엘을 구속하였고, 지명하여 불렀고, 이스라엘이 하나님의 소유이기 때문입니다.

우리 소그룹 가족들은 소그룹의 존재에 대해, 소그룹의 역할에 대해, 소그룹의 중요성에 대하여 담대하고 견고한 자신감을 가져야 합니다. 왜냐하면 하나님께서 21세기에 기꺼이 우리 소그룹을 사용하시기를 기뻐하시고, 우리를 통하여 영혼을 구원하고 치료하시기 때문입니다.

예수님께서는 십자가를 앞두시고 제자들에게 담대 하라고 말씀하십니다.

요한복음 16:33을 읽으세요.

> 이것을 너희에게 이르는 것은 너희로 내 안에서 평안을 누리게 하려 함이라 세상에서는 너희가 환난을 당하나 담대하라 내가 세상을 이기었노라

**E.** 제자들이 환란 중에서 담대해야 할 이유는 무엇입니까? 그 담대함의 결과로 누리게 되는 것은 무엇입니까?

➡

---

이 땅에서 나그네로 살아가는 우리 그리스도인들에게는 환난이 있을 것입니다. 그러나 우리의 주인 되신 주님께서 세상을 이기셨으므로 우리는 담대할 수 있습니다. 주님은 그 환란 중에서도 제자들이 평안을 누리기를 원하셨습니다.

우리 소그룹 앞길에도 많은 어려움과 도전이 있습니다. 개개인의 삶에서 환난도 있습니다. 그러나 우리가 담대해야 할 이유는 그리스도께서 세상을 이기셨기 때문입니다.

우리가 낙심하고 우울할 때 성령께서는 우리 속에서 우리를 위로하십니다. 담대할 수 없는 우리를 담대하게 하십니다. 그 담대한 마음이 우리로 하여금 두려운 세상 한 가운데서 하나님의 큰 일을 이루어가게 합니다.

여호수아는 약속의 땅 가나안에 담대히 들어갈 수 있었습니다.

무엇보다 성령 안에서 담대해 진 베드로의 변화는 놀라울 따름입니다.

한 여종을 두려워하여 세 번씩이나 주님을 부끄러워하고 부인하고 저주했던 그였

습니다. 하지만 예수를 핍박했던 대제사장 문중이 다 참여하여 그를 심문할 때 그는 이전과는 다른 사람이었습니다.

사도행전 4:8-12을 읽으세요.

> 이에 베드로가 성령이 충만하여 이르되 백성의 관리들과 장로들아 만일 병자에게 행한 착한 일에 대하여 이 사람이 어떻게 구원을 받았느냐고 오늘 우리에게 질문한다면 너희와 모든 이스라엘 백성들은 알라 너희가 십자가에 못 박고 하나님이 죽은 자 가운데서 살리신 나사렛 예수 그리스도의 이름으로 이 사람이 건강하게 되어 너희 앞에 섰느니라 이 예수는 너희 건축자들의 버린 돌로서 집 모퉁이의 머릿돌이 되었느니라 다른 이로써는 구원을 받을 수 없나니 천하 사람 중에 구원을 받을 만한 다른 이름을 우리에게 주신 일이 없음이라 하였더라

**F.** 베드로가 한 때 그렇게 두려워했던 관리들과 장로들 앞에서 예수 그리스도의 이름을 담대하게 증거한 것은 무엇에 힘 입어 한 것입니까?

➡ _____

베드로의 변화의 핵심은 성령의 충만이었습니다. 그의 믿음과 치료와 담대함은 오직 성령 충만에서 비롯된 것입니다. 이 말씀만 본다면 누가 베드로의 과거를 상상이나 할 수 있겠습니까? 그러나 성령님은 사람을 근본적으로 변화시키시는 분입니다. 어린 다윗이 골리앗 앞에 섰을 때에도 성령께서 그에게 큰 담대함과 용기를 주셨습니다. 이것은 그가 기름부음을 받았을 때 이미 예고된 것이었습니다.

사무엘상 16:13을 읽어 주세요.

> 사무엘이 기름 뿔병을 가져다가 그의 형제 중에서 그에게 부었더니 이 날 이후로 다윗이 여호와의 영에게 크게 감동되니라

**G.** 이 감동이 있은 후 그는 악령에 시달리는 사울 왕을 위로하는 일을 담당하였고, 17장에서는 드디어 골리앗 앞에서 담대한 용사가 되었습니다. 성령의 감동과 관

련하여 다윗이 범죄한 후 가장 두려워했던 것은 무엇이었으며 왜 그랬습니까?

*시편 51:10. 나를 주 앞에서 쫓아내지 마시며 주의 성령을 내게서 거두지 마소서

---

다윗은 사울 왕에게서 성령이 떠나고 악령이 역사하는 것을 두 눈으로 똑똑히 목격하였습니다. 하나님의 영이 떠났을 때의 인간의 비참은 이루 말로 할 수 없습니다.

하지만 그리스도 안에 있는 우리 소그룹 가족들은 두려워할 필요가 없습니다. 성령께서는 우리를 떠나거나 버리시지 않으시는 분이기 때문입니다.

성령께서 역사하셔서 우리에게 주시는 중요한 선물 가운데 하나는 담대한 마음입니다. 이 마음은 하나님께서 함께 일하시기를 기뻐하시는 마음입니다. 여기에서 우리는 우리 자신의 의지를 일깨울 필요도 있습니다. 그러나 그것만으로는 부족합니다.

우리 소그룹 가족들은 반드시 성령님과 연합해야 합니다. 개개인이 성령님의 함께 계심을 인식하고, 우리 전체가 그 분을 인정해야 합니다. 그리고 그 분께 기회를 드려 우리 몸과 마음, 우리 소그룹 안에서 온전히 충만케 되시도록 기도해야 합니다. 말씀을 묵상하고 좌로나 우로나 치우치지 말아야 합니다.

이런 삶의 전체적 순종 가운데서 성령께서 역사하실 때, 우리가 상상할 수도 없는 순간에 우리가 알지도 못한 담대함을 가질 수 있을 것입니다. 성령님께서는 우리가 장차 이 세상을 떠날 때 필요한 용기까지도 반드시 주실 것입니다.

성령님은 우리 소그룹 공동체의 구성원들에게는 자신감을 회복시켜 주십니다. 성령님은 교회의 소그룹 안에 사람을 치료하는 사랑과 위로의 치료제를 주십니다. 위로와 사랑이 필요한 사람에게 손을 내밀 수 있는 담력을 성령께서 주십니다.

무엇보다도 새로운 사람을 초청하는 일에 성령께서는 우리에게 담력을 주십니다. 우리의 지혜와 용기가 바닥날 때, 사람 초청하기가 두렵고, 거절당하는 것이 너무나 자존심 상하고 힘들 때, 성령께서는 우리를 일으키셔서 베드로와 같이 다시 용기와 담력을 굳건하게 세워 주실 것입니다.

### 토의질문 21.

우리 소그룹이 가져야 할 담대함은 어떤 것입니까? 그리고 성령님께서 나 혹은 우리 소

그룹의 성품을 어떻게 바꾸어 주시길 사모하며 기도합니까?

### 한 주간 실천사항 1

◉ 자신을 성찰하면서, "그래도 내가 저 사람 보다는 낫지"라고 느끼거나 말하는 '위험한 순간'이 언제인지 포착해 보세요.

### 한 주간 실천사항 2

◉ 성령의 도우심을 간구하는 가운데, 나의 초청을 거절했던 적이 있었던 사람을 찾아가서 다시 한 번 더 초청해 주세요.

## Lesson 11과 우리 소그룹은 성령께서 주시는 거룩한 윤리를 지킵니다.

**주제 1** 예수님은 우리 죄를 깨끗하게 하는 성전이시다. 그리고 우리의 몸과 우리의 모임은 하나님의 영이 임재하시는 거룩하고 구별된 성전이다.

**주제 2** 성령 안에 있는 우리 소그룹은 은혜와 평안이 넘칠 뿐만 아니라 진리가 충만하며, 새로운 사명과 성장을 위하여 언제든지 흩어질 준비를 해야 한다.

### 22. 성령께서 임하시는 곳이 거룩한 성전입니다.

구약에서 성전은 이스라엘 모든 생활과 예배의 중심이었습니다. 그곳에서 이스라엘 백성들은 죄를 속하는 제사를 드렸고, 하나님께서는 그 거룩한 곳에 임하셨습니다. 그렇다면 우리가 사는 신약 시대에는 성전이 어떻게 되었을까요?

1 ) 우리의 죄를 속하는 속죄의 제사는 예수께서 십자가에서 완성하셨습니다. 그래서 예수 그리스도가 속죄의 성전이 되십니다.

요한복음 2:19-21을 읽으세요.

> 예수께서 대답하여 이르시되 너희가 이 성전을 헐라 내가 사흘 동안에 일으키리라 유대인 들이 이르되 이 성전은 사십 육 년 동안에 지었거늘 네가 삼 일 동안에 일으키겠느냐 하더 라 그러나 예수는 성전 된 자기 육체를 가리켜 말씀하신 것이라

A. 46년 간 지어 온 성전을 헐고 예수님께서 사흘 동안에 세우실 성전은 무엇이었습 니까?

➡ _____

예수께서 새로 세우실 성전은 예수님의 육체였습니다. 죽으시고 사흘 만에 부활하실 그의 몸이 우리의 새성전입니다. 예수께서는 우리를 위한 속죄의 제사를 단번에 드리시고, 그 이름과 공로를 힘입어 모든 백성들의 죄를 용서하시는 성전이 되셨습니다. 예수님은 우리의 영원한 속죄의 성전이 되십니다. 무슨 죄를 지은 사람이든 오직 예수 그리스도의 공로로만 죄 용서를 받을 수 있습니다.

그러므로 교회당을 가리켜 성전이라 하는 것은, 이해는 할 수 있지만 정확하지 않은 표현입니다. 신약시대에 죄 사함의 제사가 이루어진 성전은 예수 그리스도입니다.

동시에 예수님은 구약 성전의 기능을 마비시키셨습니다. 구약시대 성전의 역할이 끝나셨음을 보여 주셨습니다.

마가복음 11:15-16을 읽으세요.

> 그들이 예루살렘에 들어 가니라 예수께서 성전에 들어가사 성전 안에서 매매하는 자들을 내쫓으시며 돈 바꾸는 자들의 상과 비둘기 파는 자들의 의자를 둘러 엎으시며 아무나 물건을 가지고 성전 안으로 지나다님을 허락하지 아니하시고

B. 여기에서 보여 준 성전 마비의 행동이 예고하는 것은 무엇일까요?

➡ 

---

이것은 잠시 동안 있있던 예수님의 행동이었지만 예수님의 메시지는 분명하였습니다. 사람들의 출입까지 막으시고 모든 제사 과정을 멈추신 것은 옛 예루살렘 성전의 폐지를 예고하시는 것입니다.

이것은 성전을 깨끗하게 해서 다시 쓰겠다는 성전청소 사건이 아닙니다. 이것은 더럽혀진 성전의 문을 닫는 성전 폐쇄의 예고입니다. 마치 성전 사건 앞뒤에 나누어 기록되어 있는 열매 없는 무화과나무처럼 성전은 말라 폐기될 것입니다 (마가복음 11:12-14과 마가복음 12:20-25). 속죄의 성전은 오직 예수 그리스도를 통해서만 가능합니다.

2) 그렇다면 하나님께서 임재하시는 장소로서의 성전은 어떻게 되었을까요? 이에 대하여 예수님은 벌써 말씀하신 적이 있습니다. 제1과에서 언급했던 마태복음

18:20을 다시 읽으세요.

> 두세 사람이 내 이름으로 모인 곳에는 나도 그들 중에 있느니라

우리가 지극히 작은 소그룹을 무시할 수 없는 이유가 여기에 있습니다. 왜냐하면 예수님의 이름으로 모인 두세 사람이 하늘 보좌를 움직이는 힘이 있기 때문입니다. 예수께서 계신 곳에는 곧 성령님도 계십니다. 성령께서 거하시는 곳이 곧 성전입니다. 성령께서는 우리 그리스도인 개개인의 육체에, 그리고 우리가 속한 믿음의 공동체에 거하십니다.

로마서 8:9을 읽으세요.

> 만일 너희 속에 하나님의 영이 거하시면 너희가 육신에 있지 아니하고 영에 있나니 누구든지 그리스도의 영이 없으면 그리스도의 사람이 아니라

**C.** 그리스도의 사람의 속에는 누가 거하십니까?

_____

그리스도의 사람 속에는 하나님의 영이 거하십니다. 우리 속에 성령께서 거하시면 우리는 영에 속한 사람들이며 그리스도의 사람입니다.

이어서 고린도전서 6:19을 보십시다.

> 너희 몸은 너희가 하나님께로부터 받은 바 너희 가운데 계신 성령의 전인 줄을 알지 못하느냐 너희는 너희 자신의 것이 아니라

**D.** 우리 몸은 하나님께로부터 받았습니다. 이 구절에서 우리의 몸을 무엇이라고 하고 있습니까?

_____

우리의 몸은 성령께서 임재하신 성전입니다. 또한 이 몸은 하나님께로부터 받았으므로 더 이상 우리 몸은 우리 자신의 것이 아닙니다.

소유권의 확인은 중요합니다. 우리 몸이 우리의 것이 아닌 하나님의 것이므로 우리는 윤리적으로 바르게 살아야 합니다. 성령께서 거주하시므로 우리는 우리의 몸을 거룩하게 구별해야 합니다.

그 거룩한 성전은 그리스도인들의 교제와 교회에로 확대됩니다.

고린도전서 3:16-17을 읽어 주세요.

> 너희는 너희가 하나님의 성전인 것과 하나님의 성령이 너희 안에 계시는 것을 알지 못하느냐 누구든지 하나님의 성전을 더럽히면 하나님이 그 사람을 멸하시리라 하나님의 성전은 거룩하니 너희도 그러하니라

E. 여기에서 "너희"는 고린도교회 성도들과 교회를 가리킵니다. 주님의 교회와 성도들의 교제를 가리켜 무엇이라 말하며, 또 누가 계시다고 말하고 있습니까?

➡ _____

이 말씀에서는 고린도교회 성도들과 교회 안에 하나님의 성령이 거하시고, 그들이 곧 하나님의 성전이라고 말하고 있습니다. 교회는 곧 영적인 성전이며, 그 누구도 그 성전을 더럽혀서는 안됩니다. 성령께서 거하시는 성전은 거룩해야 합니다. 교회 공동체를 죄에서 구별하여 지켜야만 합니다. 두세 사람이 모인 소그룹이라고 업신여기거나 함부로 생각해서는 안됩니다.

우리 개개인은 이미 성령께서 거하시는 성전입니다. 두세 사람만 모인 소그룹도 주님의 이름으로 모이면 그것은 거룩한 성전입니다. 성령께서 임재하시고 역사하시기 때문입니다. 그 성전은 윤리적으로 정결해야 합니다.

소그룹 가족들은 하나님의 성전인 다른 사람들을 존귀하게 여겨야 합니다. 그래서 그들의 마음을 실족하지 않게 해야 합니다.

우리가 서로 영적으로 가까운 형제 자매들이지만 개인적으로는 침범하지 말아야 할 경계선들이 있습니다. 지나치게 상대방의 사정을 알아 내려고 덤비는 것은 한 개인이 존중 받아야 할 경계선을 침범하는 행위입니다. 새로 온 사람의 집에 찾아가

살림살이에 대해 이러쿵저러쿵 말을 하는 것은 그 사람의 사생활을 존중하지 않는 것입니다.

혹은 이삿짐 나르는 것을 도와준다고 말을 하면서 그 사람의 살림살이를 불편할 정도로 구경하고 있는 것은 적절하지 않습니다.

그리고 이성간의 부적절한 개인적인 연락이나 소통이나 접촉은 거룩한 성전을 더럽히는 일입니다. 하나님께서 그 사람을 멸하신다고 말씀하십니다. 무서운 심판의 경고도 우리는 함께 들어야 합니다.

그러므로 교회 소그룹의 목적에 어긋나는 별도의 사적인 만남이나 신체적 접촉은 말할 것도 없고, 소그룹 안에 있는 사람들끼리 사적인 돈 거래도 절대 금지하여야 합니다. 돈을 빌려 달라 하거나 혹은 물품을 강매하는 행위 등 소그룹의 목적과 어긋난 일들은 결코 일어나지 말아야 합니다. 성령님의 오래 참으심을 시험해서는 안 됩니다.

### 토의질문 22-1.

성령님은 우리 모임에 함께하십니다. 성령의 함께 하심을 진정으로 믿는다면 우리 소그룹이 어떻게 달라질 수 있을까요?

### 토의질문 22-2.

나의 몸이 성령께서 거하시는 하나님의 성전이라고 할 때 나에게는 어떤 특별한 기쁨과 의무가 생기나요?

### 토의질문 22-3.

소그룹 안에서 서로 나눈 이야기는 반드시 비밀에 부쳐야 합니다. 소그룹 안에서 나눈 이야기를 바깥에 가지고 나와서 이야기하는 것은 윤리적이지 않습니다. 그렇게 하는 것이 왜 윤리적이지 않습니까?

## 23. 성령 안에서 성장합니다

성령께서 강하게 역사하신 초대 예루살렘 교회에는 감동과 변화와 기쁨이 있었습니다. 하나님의 능력이 나타나고 사도들로 말미암아 기사와 표적이 많이 나타났습니다. 믿는 사람들이 다 함께 있으면서 공동체를 구성하였고, 마음을 같이 하고, 모이기를 힘썼습니다.

사도행전 2:42을 읽으세요.

> 그들이 사도의 가르침을 받아 서로 교제하고 떡을 떼며 오로지 기도하기를 힘쓰니라.

**F.** 예루살렘 교회는 매우 생명력이 있는 교회였지만 어수선하지 않았습니다. 그들은 질서 있고 집중하는 교회였습니다. 위의 구절에 따르면 그들이 했던 일들은 무엇이었습니까?

➥ _____

그들의 중심에는 사도들의 가르침 곧 말씀이 있었습니다. 그들의 생활은 교제였고, 그들은 모여 음식을 함께 나누었습니다. 그들이 오로지 힘쓴 것은 기도였습니다. 우리의 선입견과는 달리 예루살렘 교회는 매우 질서정연하고 차분한 영적인 공동체였습니다.

더 나아가 그들은 함께 생활하고, 자신의 것들을 팔아 함께 통용하였습니다. 자신의 가족들을 위해 내 돈으로 산 일주일 음식을 다른 사람들과 하루 만에 다 먹어버리는 것을 이해할 수 있습니까?

사도행전 2:44-47을 다시 읽어 보세요.

> 믿는 사람이 다 함께 있어 모든 물건을 서로 통용하고 또 재산과 소유를 팔아 각 사람의 필요를 따라 나눠주며 날마다 마음을 같이하여 성전에 모이기를 힘쓰고 집에서 떡을 떼며 기쁨과 순전한 마음으로 음식을 먹고 하나님을 찬미하며….

G. 믿는 사람들이 성전 이외에 어디에서 다시 모였습니까? 그리고 거기서 교제를 나눌 때 그들의 마음은 어떠하였습니까?

➡ _____

예루살렘 교회는 성전에서 모일 뿐만 아니라, 또 집에서 모여 떡을 떼고 교제하였습니다. 인상적인 것은 그렇게 나누고 모이는 데 거기에 기쁨이 충만하였다는 것입니다. 왜냐하면 성령님께서 각 개개인과 공동체에 충만하였기 때문입니다.

인간의 재산과 소유는 자신의 정신적 안정감과 기쁨을 주는 인간 존재의 가장 기초적인 요소입니다. 그것을 나눔으로써 누리는 기쁨은 오직 성령으로 하나님 형상이 회복되었을 때 가능합니다.

오늘 우리 소그룹도 비록 오순절 시대와 똑같이 살 수는 없더라도, 성령 안에서 함께 나눌 수 있는 성장의 목표들을 하나씩 세울 수 있었으면 좋겠습니다. 우리 소그룹이 섬기는 독거노인이나 선교사, 전도나 지역봉사 등의 목표가 있다면 좋을 것입니다.

다른 한 편, 이렇게 이상적인 예루살렘 성령 공동체에도 더 성장해야 할 부분이 있었습니다. 그것은 다음 두 가지 중요한 사건들을 통해 드러났습니다. 첫 번째 사건은 아나니아와 삽비라가 밭 값을 속이고 이로 인해 죽게 된 사건입니다.

사도행전 5:3과 5:9을 읽으세요.

> 베드로가 이르되 아나니아야 어찌하여 사탄이 네 마음에 가득하여 네가 성령을 속이고 땅 값 얼마를 감추었느냐…베드로가 이르되 너희가 어찌 함께 꾀하여 주의 영을 시험하려고 하느냐

H. 자신이 드리기로 한 약속의 분량을 어긴 것은 누구를 속인 것입니까? 그럴 때 아나니아와 삽비라의 마음에는 무엇이 가득하였습니까?

➡ _____

베드로에 따르면 이 사건은 성령께서 개입된 사건이었습니다. 아나니아는 사탄이

가득하여 성령을 속였고, 삽비라와 함께 주의 성령을 시험하였습니다. 성령님은 온유하신 분이지만 거짓과 시험을 그대로 방치하지는 않으십니다.

성령의 공동체는 순전한 마음과 정직함, 마음의 내면과 삶의 순종이 하나 된 삶을 요청합니다. 우리 소그룹 공동체는 인격과 삶, 말과 행위가 하나되어 통일성을 가진 공동체로 자라야 합니다. 온유한 성령님이시지만 공동체에서 거짓을 허락하지는 않으십니다.

둘째 사건은 핍박에서 왔습니다. 화목하고 건강한 예루살렘 교회 공동체는 핍박으로 인해 심각하게 흔들렸고, 그로 인해 사방으로 흩어지게 되었습니다. 스데반의 순교는 예루살렘 공동체가 누리던 초기의 안정과 기쁨을 근본적으로 흔들어 놓았습니다. 두려움과 시련이 찾아왔습니다.

그런데 놀라운 것은 그들이 핍박으로 인해 흩어져서는 사방에서 복음을 전하였습니다. 스데반의 순교는 교회 공동체의 원래적 본질을 일깨워 주었습니다. 즉 주의 교회와 공동체는 흩어져 복음을 증거해야 한다는 사명을 다시 깨우쳐 주었습니다.

사도행전 8:2와 8:4을 읽으세요

> 그 날에 예루살렘에 있는 교회에 큰 박해가 있어 사도 외에는 다 유대와 사마리아 모든 땅으로 흩어지니라… 그 흩어진 사람들이 두루 다니며 복음의 말씀을 전할새

I. 그 아름다운 성령의 공동체였던 예루살렘 교회는 핍박으로 흔들리기 시작하였습니다. 그것이 끝이었을까요? 아닙니다. 이 일은 성령으로부터 시작하였으므로 외려 박해는 새로운 기회였습니다. 그들은 어디로 흩어졌으며, 거기서 무엇을 하며 두루 다녔습니까?

➡ _____

그들은 박해를 피하여 사방에 흩어졌지만, 다시 한 곳에 모여 있지만은 않았습니다. 그들은 두루 다니며 복음의 말씀을 전하였습니다. 소그룹 공동체의 본질은 모임 자체의 즐거움과 만족에 있지 않습니다. 오래 아는 사람들끼리 친목하는 것으로 만족하지 않습니다. 서로간의 어려움을 각오하고 흩어지고 나누어져서 두루 복음을 전해야 합니다.

물론 소그룹 공동체로 모일 때는 마땅히 행복해야 합니다. 더불어 함께 성령충만, 말씀 충만하여 서로가 늘 그리워하고 사모하는 공동체가 되어야 합니다.

하지만 동시에 우리 공동체는 늘 인격적 성숙과 복음 증거에 목표를 두고 있어야 합니다. 이를 위해 언제든지 현재의 안정된 소그룹을 흔들어 흩어질 준비를 하고 있어야 합니다.

교회에서 소그룹을 조정하려 할 때마다 많은 어려움을 겪는 이유는 친한 사람들끼리 뭉쳐서 현재의 상태에서 조금도 변하기를 원하지 않기 때문입니다.

물론 믿음이 연약한 사람들을 처음부터 낯선 곳으로 보내는 것은 무리가 있을 것입니다. 그들을 위한 특별하고 집중된 온실이 필요합니다.

하지만 소그룹 공동체의 본질은 웅크리고 있는 사자와 같습니다. 지금 이대로의 관계가 너무 편안하고 좋아도 사명 안에서 불안정의 요소를 애써 품어야 합니다. 왜냐하면 흩어져 복음의 말씀을 전해야 할 사명이 아직 남아 있기 때문입니다.

소그룹의 교제와 치료는 사명에 대한 완전한 순종과 늘 함께 있어야 합니다. 우리 소그룹은 언제나 나그네 입니다. 영원한 처소가 아닙니다. 서로간의 불편을 무릎 쓰고 새 사람을 받아 들이고, 수고를 무릎 쓰고 흩어져 새로운 사람을 초청해 들여야 합니다.

지금 이대로 안주하지 말고, 현재의 치료와 위로에만 머물러 있지 말아야 합니다.

공동체의 위로를 통해 피곤한 날개를 잠시 쉬고 안식한 후에는 다시 힘을 얻어, 우리 공동체의 목적 즉 초청과 복음 전도의 사명으로 나아가야 합니다.

물론 이 모든 과정에서 중요한 것은 사람과 공동체를 치유하고 성장시킬 수 있도록 서로 철저하고 긴밀한 관계를 유지하는 것입니다. 그 관계는 모린 워커(Maureen Walker)가 말한 것처럼, "조화롭고 따뜻한 지지를 보내고, 다른 사람과 있을 때 느낄 수 있는 기쁜 감정을 느낄 수 있고, 서로가 원하는 일정 정도의 목표를 향해서 나갈 수 있도록 도울 수 있는 관계" 입니다. (How Connections Heal, 2004, 16-17).

하나님의 강하신 붙드심 안에서 예루살렘 교회는 위기와 핍박의 기회에 놀라운 성장을 이룰 수 있었습니다.

**토의질문 23-1.**

개인과 공동체를 성장하게 하는 필요 조건은 곧 하나님과의 인격적인 사랑의 관계입니다. 하나님의 그 사랑과 강한 보호 안에서 비로서 교회는 시련과 핍박 속에서도 더욱 성장할 수 있었습니다. 나의 시련과 도전 가운데 나를 성장하게 했던 따뜻한 지지의 관계는 어떤 것이 있었습니까?

**토의질문 23-2.**

참 따뜻하고 아름답고 성령 충만한 우리 소그룹이 언제든지 흩어질 준비를 하고 있어야 한다는 말은 무슨 뜻입니까? 그렇다면 우리 소그룹 가족들은 어떤 마음의 준비를 하고 있어야 할까요?

### 한 주간 실천사항 1

▶ 두 세 사람이 그리스도의 이름으로 모였을 때, "우리는 하나님의 영이 거하시는 성전입니다" 라고 한 목소리로 고백해 보세요.

### 한 주간 실천사항 2

▶ 소그룹 모임 이후 두루 흩어져 복음을 전하고, 우리 소그룹으로 다시 한 사람을 초청하세요.

# 우리 소그룹은 지혜로운 소그룹으로 자라 갑니다.

**Lesson 12과**

**주제 1** 우리 소그룹 가족들은 서로에 대해 신중하고 진지하며 지혜로운 관찰자들이 되어야 한다.

**주제 2** 인격적인 리더는 쉽게 판단하는 사람이 아니라, 짐작하는 것이 있어도 조용히 다시 한 번 그 사정을 묻는 사람이다. 중요한 영향을 받은 사건에 대해서는 반드시 "마음이 어떠했어요?"라고 물어야 한다.

## 24. 우선 면밀하게 관찰합니다.

모세 장인 이드로는 매우 지혜로운 멘토이자 상담자였습니다. 그가 이스라엘 백성을 이끌고 있는 사위 모세를 방문한 때로부터 이스라엘 백성들에게는 매우 큰 변화가 생겼습니다.

출애굽기 18:24-26을 읽겠습니다.

> 이에 모세가 자기 장인의 말을 듣고 그 모든 말대로 하여 모세가 이스라엘 무리 중에서 능력 있는 사람들을 택하여 그들을 백성의 우두머리 곧 천부장과 백부장과 오십부장과 십부장을 삼으매 그들이 때를 따라 백성을 재판하되 어려운 일은 모세에게 가져오고 모든 작은 일은 스스로 재판하더라

A. 광야 이스라엘의 통치 구조에 중요한 변화를 가져온 것은 모세가 장인 이드로의 말을 듣고 실행하였기 때문입니다. 어떤 변화가 있었습니까?

_____

이드로의 제안과 모세의 실행 덕택에 광야 이스라엘은 천부장과 백부장 등 그 큰 무리를 지도할 지도자들을 세우게 되었습니다. 그 큰 통치구조의 변화는 이드로의 지혜로운 관찰과 신중하고 사려 깊은 지도 덕분이었습니다.

우리 소그룹이 서로를 세워주고 이끌어 줄 때 이드로의 지혜가 반드시 필요합니다.

이드로의 신중한 지혜는 우선 면밀한 관찰에서 시작되었습니다. 그는 어떤 중요한 일에 대하여 판단하거나 충고하기 전에 사전에 사람과 상황을 충분히 관찰하였습니다.

출애굽기 18:13을 읽겠습니다.

> 이튿날 모세가 백성을 재판하느라고 앉아 있고 백성은 아침부터 저녁까지 모세 곁에 서 있는지라

B. 이드로가 모세와 백성을 면밀하게 지켜본 것은 언제부터 언제까지였습니까?
➡ _____

이드로가 모세를 보니 모세는 백성들을 재판하고 있었습니다. 그리고 자신의 차례를 기다리는 백성들은 줄을 지어서 아침부터 저녁까지 모세 곁에 서 있었습니다. 모세는 재판하느라, 그리고 백성들은 차례를 기다리느라 하루 해가 다 가고 있었습니다.

이드로는 그 때까지 아무런 말도 하시 않고 모세와 그 백성들이 하고 있는 일들을 조용히 관찰하고 있었던 것입니다.

이어서 출애굽기 18:14절을 앞 부분을 읽어 보세요.

> 모세의 장인이 모세가 백성에게 행하는 모든 일을 보고 이르되 네가 이 백성에게 행하는 이 일이 어찌 됨이냐

C. 모세의 장인 이드로가 모세에게 질문했을 때는 무엇을 하고 난 이후였습니까?
➡ _____

이드로는 이 모든 일들을 보고 나서야 비로소 신중하게 입을 열어 어찌 된 일인지 물었습니다. 어떤 일에서든, 어떤 관계에서든, 우리가 신중하고 깊이 있게 관찰을 하지 않고서는 결코 진지한 변화나 성장을 도모할 수 없습니다.

그것이 한 사람에 대한 것이든 아니면 소그룹 전체에 대한 것이든, 우리는 언제나 먼저 진지하게 관찰하는 것이 우선입니다. 거기에서 비로소 우리가 질문하거나 말할 것을 얻어야 합니다.

소그룹의 리더와 가족들이 매 주일 해야 할 일은 소그룹 가족 한 명 한 명에 대한 따뜻하고 세심한 관찰입니다. 언어뿐만 아니라 말로 표현하지 않는 비언어적인 메시지까지도 세심한 관심을 가지고 살필 수 있어야 합니다. 왜냐하면 "사람의 의사소통은 [적어도] 60%가 몸동작으로 표현되기 때문입니다."

표정이 밝은지 아니면 어두운지,
분위기가 가벼운지 아니면 무거운지,
복장이 어떤지,
행동이 자연스러운지,
마음이 여느 때처럼 편안하게 보이는지,
피곤해 보이지는 않는지 등등

물론 자세히 관찰하고 살피는 것과 그것에 대해 직접적으로 이야기하는 것은 전혀 별개의 문제입니다. 왜냐하면 피곤해 보이는 사람에게 "참 피곤해 보이시네요!" 라고 말하는 것은 듣는 사람에게 불편함을 줄 수 있기 때문입니다.

"흰 머리가 더 많아지셨네요. 나이가 더 들어 보여요!"

이렇게 지나치게 사실적이거나 부정적인 말을 하면 외려 상대의 기분을 더 상하게 할 수 있습니다. 관찰했다고 전부 이야기할 수는 없습니다. 내가 관찰한 것을 서술하기 전에 반드시 해야 할 것이 있다면 좀 더 깊이 알기 위한 "관심 질문"을 하는 것입니다. 날씨와 함께 문안인사로 대화를 시작할 수도 있습니다. 아니면 관찰에서 얻은 좋은 점들을 이야기해도 좋습니다.

한 사람에 대한 세밀한 관찰은 서로에 대한 대화와 이해의 깊이를 더해 줍니다. 만남과 인상의 한 순간을 사진을 찍듯 기억해 두는 것도 좋은 돌봄입니다.

서로에 대해 좋은 점들을 잘 관찰하고 기억하는 소그룹 리더와 가족들이 되어야 합니다.

요셉이 꿈을 꾸고 그것을 이야기했을 때 형들은 시기하였지만 그 아버지 야곱은 그 꿈을 마음에 간직하였습니다. 아버지로서 자식에 대해 좋은 마음의 태도를 가졌던 것입니다.

창세기 37:11을 읽으세요.

> 그의 형들은 시기하되 그의 아버지는 그 말을 간직해 두었더라

D. 인생에서 의미 있는 일들을 일부러 기억해 두는 것은 매우 중요합니다. 여러분이 기억하고 있는 가족의 한 순간은 어떤 것이 있습니까?

➡ _____

그것은 소년 예수의 어머니 마리아도 마찬가지입니다. 마리아는 자신이 받고 듣는 말씀들 가운데 특별한 말씀들을 마음에 잘 간직한 어머니이며 여성이었습니다.

누가복음 2:18-19을 읽으세요.

> 듣는 자가 다 목자들이 그들에게 말한 것을 놀랍게 여기되 마리아는 이 모든 말을 마음에 새기어 생각하니라.

누가복음 2:50-51을 또 읽어 주세요.

> 그 부모가 그가 하신 말씀을 깨닫지 못하더라 예수께서 함께 내려가사 나사렛에 이르러 순종하여 받드시더라 그 어머니는 이 모든 말을 마음에 두니라

E. 마리아는 예수님의 탄생과 성장 과정에 있었던 일들을 특별히 마음에 두었습니다. 어떤 일들이었습니까?

➡ _____

마리아는 참으로 좋은 관찰자요 새로운 일들에 대해 마음으로 잘 간직하는 사람이

었습니다. 아마도 누가복음을 기록하는 데 있어서 마리아의 증언은 수 십 년의 시간을 넘어 예수님 탄생과 성장에 관한 매우 중요한 근거가 되었을 것입니다.

소그룹의 리더와 먼저 믿는 가족들은 특히 다른 성도들의 말이나 행동에 대해 세심한 관찰자가 되어야 합니다. 감시나 간섭을 하기 위해서가 아니라, 더 잘 이해하고 돌보기 위해서입니다. 이드로는 우선 매우 세심하게 모세와 이스라엘 백성들의 모습을, 적어도 아침부터 저녁까지, 아무런 방해 없이 진지하게 관찰하였습니다.

### 토의질문 24-1.

사람을 배려하는 마음으로 조용히 마음으로 살피는 것은 소그룹의 활동에서 매우 중요한 개개인의 덕목입니다. 다른 이들을 비판하거나 허물을 찾기 위해서가 아니라, 혹은 부담을 주기 위해서가 아니라, 잘 돕기 위해서는 어떤 조심스러운 자세가 필요할까요?

### 토의질문 24-2.

특히 소그룹 가족들이 서로 대화를 할 때, 혹은 성경공부를 할 때, 그 사람의 장점과 인격의 면모를 잘 관찰할 수 있습니다. 우리 소그룹 대화에서 어떤 모습들을 관찰할 수 있었습니까? 우선 긍정적인 면들을 이야기해 보세요.

## 25. 자신이 모르는 것은 직접 질문합니다.

이드로는 자신이 관찰한 것에 대하여 대단한 것을 발견한 것처럼 자신만만해지기보다는 외려 좀 더 자세하게 그 사정을 모세에게 묻습니다. 자신이 관찰한 것에 근거해서 그 이유가 무엇인지 당사자의 입을 통해 직접 물어본 것입니다.

출애굽기 18:14을 읽겠습니다.

> 모세의 장인이 모세가 백성에게 행하는 모든 일을 보고 이르되 네가 이 백성에게 행하는 이 일이 어찌 됨이냐 어찌하여 네가 홀로 앉아 있고 백성은 아침부터 저녁까지 네 곁에 서 있느냐

G. 모세의 장인이 모든 일을 보고 질문할 때 무엇에 대한 이유를 물었습니까?
➡ _____

 이드로가 저녁까지 충분히 관찰했지만 그와는 별도로 입을 열어 모세와 직접 대화를 하면서 "어찌 됨이냐? 어찌하여?"라는 질문을 합니다. 왜 백성들은 하루 종일 모세 곁에 서 있는지, 그리고 어찌하여 모세는 그 모든 일들을 혼자 하고 앉아 있는지….
 신중한 질문은 소그룹 가족들에게 있어서 매우 중요한 소통의 과정입니다.
 그리고 소그룹의 상담적인 리더는 이드로와 같이 신중해야 합니다. 비록 어떤 일을 관찰하고 또 마음에 이미 판단이 섰다 하더라도 우선 당사자에게 신중하게 물어보고, 혹시 자신이 말하기 전에 놓치고 있는 것은 없는지 살필 필요가 있습니다. 성급하게 소그룹 가족들을 판단하기 전에, 비록 짐작이 가고 시간이 걸린다 하더라도 진지하게 다시 확인하여 물어볼 필요가 있습니다.
 상대에게 관심을 가지고 관찰한 것을 토대로 잘 물어보는 습관은 상담적 리더십에서 상대방을 존중하는 매우 중요한 습관입니다. 대화를 잘 이끌어가는 사람은 자신이 아는 이야기나 지식을 마구 쏟아내는 사람이 아니라, 적절한 질문을 통해 다른 사람을 대화로 잘 이끌어 들이는 사람입니다.
 소그룹 리더가 성경공부를 인도하거나 일정한 교육 내용을 전달하는 것을 제외하고는 소그룹 가족들에 대하여 언제나 배우는 학생의 입장에 서야 합니다. 지난 한 주간 혹은 지난 며칠 사이에 소그룹 가족들에게 무슨 일이 있었는지 모르는 것이 당연합니다. 그들의 삶을 판단하기 전에 먼저 진지하게 배우는 자의 입장에서, 진실한 관심을 가지고 꼭 물어 보아야 합니다.
 특히 소그룹 안에서 소심하거나 소외된 이들에게 따뜻하게 질문함으로써 그들이 공동체의 일원임을 항상 확인해 주어야 합니다.
 하지만 습관적이고 별 생각이 없는 뻔한 질문은 사람을 피곤하게 합니다. 내가 뭔가를 알아내고 싶어서 캐묻는 것은 관심 있는 따뜻한 질문이 아닙니다. 질문은 신중하고 따뜻해야 합니다. 배려하는 마음에서 했던 질문이라도 그 사람에게 부담이 된다면 즉시 멈추어야 합니다.
 질문은 크게 정보에 대한 질문 (probing for information)과 마음 혹은 감정에 대한 질문(probing for feelings)으로 나누어질 수 있습니다. 언제, 누가, 무엇을, 어떻게, 왜 등에 대한 질문은 정보에 대한 질문입니다. 이 질문은 관심을 가지고 언제든지 물어볼 수 있습니다. 다만 지나친 정보 질문은 사람의 마음을 상하게 합니다. 사람에 대한 관심보다는 사건이나 사실에 더 치중하기 때문입니다.

질문하는 사람은 상대방이 대답할 준비가 되어 있는지 존중하며 살펴야 합니다. 대답할 준비가 되어 있지 않다면 강요하지는 말아야 합니다. 특히 부끄러움이나 수치심을 일으킬 만한 일에 대해 사람들 앞에서 캐묻는 것은 인격적인 폭력과 같습니다. 차라리 침묵하며 말없이 존중하는 것이 훨씬 낫습니다.

하지만 감정 즉 마음에 대한 질문은 언제나 사람을 위로합니다.

"그럴 때 마음이 어떠셨어요?"

이 질문은 상담적인 통찰력을 가진 소그룹 리더가 가장 즐겨 해야 할 질문입니다.

이야기를 하는 사람들은 누구나 사실 뒤에 있는 마음에 대해 말할 기회를 기다립니다. 만일 리더가 마음에 대해 물어 주면 자신의 내면을 기꺼이 함께 나누기를 원합니다. 그 사람에 영향을 미치는 어떤 일이 있었다면 꼭 "마음이 어떠셨어요?" 라고 물어 줄 수 있기를 바랍니다.

신기하게도 10년이 지난 일도, "그럴 때 마음이 어떠셨어요?"라고 물으면, 때로는 눈물, 때로는 기쁨과 흥분의 감정이 그대로 살아 나옵니다.

소그룹 리더와 먼저 믿은 가족들은 특별히 사람의 마음에 대해, 따뜻하게 질문할 수 있는 좋은 질문자가 되어야 합니다.

## 토의질문 25.

나는 질문을 잘 하는 사람입니까? 질문은 이웃에 대한 관심과 관찰에서 나옵니다. 자기 이야기만 하기를 좋아하는 사람은 다른 사람의 사정에 별로 관심이 없습니다.

❶ 서로에게 있었던 최근의 어려운 일이나 즐거운 일을 물어 보고, "그럴 때 마음이 어떠셨습니까?"라고 물어 봅시다.

❷ 예를 들어, "마음이 많이 힘들었습니다" 라고 말하면 똑같이 "아, 마음이 많이 힘드셨군요!" 라고 공감해 줍시다. 물론 즐거웠다고 말하면 "많이 즐거우셨군요!" 라고 하면 됩니다.

❸ 대화를 마친 후 이처럼 익숙하지 않은 대화가 우리에게 어떻게 유익한지 서로 이야기해 봅시다.

❹ ❶-❷-❸의 과정을 반복해서 다른 사람과 대화해 봅시다.

### 한 주간 실천사항 1

➤ 내가 소그룹에 초청하고 싶은 사람을 유심히 살피고, 구체적인 칭찬과 격려의 말을 한 마디 해 주세요.

### 한 주간 실천사항 2

➤ 누군가가 나에게 자기 삶의 힘들었던 이야기를 할 때, "그럴 때 마음이 어떠셨어요?" 라고 꼭 물어 주세요.

# Lesson 13과
# 우리 소그룹은 우선 경청하고 신중하게 판단합니다.

**주제 1** 내가 많이 아는 것을 과시하는 것은 인격적이지 않다. 하지만 다른 사람의 말을 직접 면밀하게 듣는 것은 존중이며 치료이다.

**주제 2** 설익은 판단보다 다시 한 번 질문하는 것이 더 낫다. "믿음이 없어서 그렇다." "그렇게 하면 안 되죠!" 라며 성급히 결론 내리는 것은 대화를 막아버린다.

### 26. 누구에게나 자신의 목소리로 직접 말할 기회를 줍니다. 그것은 존중입니다.

이드로의 경험과 연륜에서 볼 때 모세의 이야기를 들을 필요도 없었을 수도 있습니다. 보나 마나 돌아가는 상황은 너무나 뻔하기 때문입니다. 하지만 이드로는 신중하였고, 당사자인 모세의 이야기를 직접 듣고 싶었습니다. 그리고 그의 이야기를 끝까지 들었습니다.

출애굽기 18:15-16을 읽으세요.

> 모세가 그의 장인에게 대답하되 백성이 하나님께 물으려고 내게로 옴이라 그들이 일이 있으면 내게로 오나니 내가 그 양쪽을 재판하여 하나님의 율례와 법도를 알게 하나이다

A. 모세에 따르면 백성들이 모세에게 오는 이유는 무엇이었습니까?

_____

백성들은 하나님께 물으려고 모세에게 왔고, 모세는 그 양쪽을 재판한다는 것이 모세 대답의 핵심이었습니다.

상담에서 그 자신이 목소리를 내는 것은 중요합니다. 마찬가지로 소그룹에서도 한

사람이 자신의 목소리를 내는 것은 매우 중요합니다. 소그룹 리더는 자기 소그룹의 가족들에게 자기 자신의 형편을 자기 목소리로 이야기할 수 있는 기회를 충분히 주어야 합니다. 그것이 존중입니다. 왜냐하면 직접 자신의 목소리를 내는 그 자체가 때로 분명히 치료가 되기 때문입니다. 소그룹 만남에서 요청되는 것은 산만해지지 않는 서로간의 경청입니다.

자주 경험하듯이 우리의 짐작과 당사자의 이야기가 서로 다른 경우가 태반입니다. 그러므로 우리는 반드시 당사자에게 물어야 하고, 당사자가 말을 하는 동안 경청해야 합니다. 아무리 별 것 아닌 일이라고 해도 당사자에게 심각하거나 중요하다면 그것은 중요한 문제입니다. 다른 사람이 볼 때 큰 일이라도 당사자가 감당할 만하면 큰 문제가 아닙니다. 왜냐하면 자원이 어려움보다 더 크기 때문입니다.

그래서 직접 목소리를 들어야 하고, 그 사람은 말할 수 있어야 합니다. 똑 같은 경험이라도 사람에 따라, 또 시간에 따라 서로 다르기 때문입니다.

이야기를 듣는 사람들은 적극적인 호기심을 가지고 몸을 약간 앞으로 기울인다거나 귀를 그 사람에게 향하여 이야기를 들어 주어야 합니다.

이야기를 듣지 않고 벌써 상대방을 아는 척 하는 것은 비인격적인 이단이나 사교에서 하는 일입니다. 그들은 듣지 않고서도 상대방의 정체와 운명을 알아 맞히려고 애를 씁니다. 그것은 다른 사람의 기를 죽이거나 미래를 막는 무서운 행위가 될 수 있습니다. 한 사람에 대한 완전한 주권은 예수 그리스도께서 가진 것만으로 충분합니다.

복음서에서 귀신들은 예수님의 정체를 먼저 밝혀서 예수를 제압하려 했던 것을 알 수 있습니다. 예수께서 가버나움에 있는 한 회당에 들어가셨을 때 더러운 귀신들린 한 사람이 예수가 누구인지 외쳤습니다. 하지만 예수님은 그를 꾸짖고 잠잠하게 하셨습니다.

마가복음 1:23-26을 읽으세요.

> 마침 그들의 회당에 더러운 귀신 들린 사람이 있어 소리 질러 이르되 나사렛 예수여 우리가 당신과 무슨 상관이 있나이까 우리를 멸하러 왔나이까 나는 당신이 누구인 줄 아노니 하나님의 거룩한 자니이다 예수께서 꾸짖어 이르시되 잠잠하고 그 사람에게서 나오라 하시니 더러운 귀신이 그 사람에게 경련을 일으키고 큰 소리를 지르며 나오는지라

B. 귀신이나 점쟁이들은 전능하지 않습니다. 혹시 몇몇 예언이 맞아 떨어진다 해도 놀라지 마세요. 그것은 단순한 확률에 근거해 있고, 그들의 지식은 금방 별 것 아닌 것으로 탄로나고 맙니다. 미래는 오직 하나님의 것입니다. 그런데도 왜 그들은 다른 사람이 누구인지, 혹은 그들의 사정과 미래를 아는 척할까요?

➡ _____

C. 예수님께서 마귀의 외침을 신앙고백으로 받지 않으신 이유는 무엇입니까?
➡ _____

　상대방을 먼저 아는 것은 당시 마술세계에서 통하던 권력입니다. 귀신은 먼저 자기가 예수님이 누구인지 안다고 큰 소리로 외칩니다. 그는 예수님을 하나님의 거룩하신 자라고 말합니다. 물론 틀린 말이 아닙니다. 하지만 예수님은 그를 꾸짖으시고 잠잠하게 하십니다. 왜냐하면 그 말이 틀렸기 때문이 아니라 귀신은 예수님의 정체를 먼저 말하면서 예수님을 제압하려는 악한 의도를 가지고 있기 때문입니다.

　말 하지도 않은 상대방의 사연을 먼저 터뜨리면서 사람들을 놀라게 하는 마술, 점쟁이의 속임수는 다른 사람들을 영적으로 통제하려는 나쁜 욕망에서 나온 것입니다. 이런 것들이 소그룹 공동체에서 더 이상 통해서는 안됩니다. 정말 힘들고 답답한 일이 있어도 이런 것들을 궁금해하거나 관심을 갖지도 말아야 합니다. 우리는 전능하신 하나님과 더불어 고난까지도 기쁘게 받을 사람들이기 때문입니다.

　더구나 듣지도 않은 이야기를 알아내거나 알아 맞히는 것은 우리 그리스도인들의 은사가 아닙니다.

　"우리 모두의 은사는 상대방이 말하는 것을 먼저 신속하게 듣는 것입니다."

　대충 상대방의 형편을 어림짐작해서 말하거나 평가해서는 안됩니다. 특별히 소그룹 안에서는 대충주의를 조심해야 합니다. 듣기를 대충하고 모든 것을 아는 것처럼 곧장 가르치려 들어서는 안됩니다.

　혹은 "내가 경험이 많으니 내가 옳다"는 생각으로 상대방의 이야기를 평가절하 해서도 안됩니다. 우선 정확히 듣고 있는 그대로 정확히 파악해야 합니다.

　낮은 자세로, 그리고 말 하는 사람이 편안함을 느끼는 모습으로 그 사람의 말에 귀를 기울여야 합니다. 만일 그곳이 병원이라면 방문자는 반드시 의자를 찾아서 낮은 눈으로 환자의 이야기에 귀를 기울여야 합니다.

상대방의 말을 직접, 면밀하게 듣는 것은 말하는 사람을 위로하고 격려하고 치료하는 일입니다.

**토의질문 26.**

이드로는 모세의 말을 직접 경청하였습니다. 이야기를 들으면서 내 경험, 내 판단을 앞세우려는 유혹이 많지만 소그룹에서는 말 하는 사람을 세워 주어야 합니다. 병원 환자의 이야기를 잘 들어주는 방법은 또 무엇이 있을까요?


## 27. 정말 신중하게 판단합니다

모세의 설명을 자세히 들은 이드로는 비로소 모세에게 자신의 판단과 의견을 피력합니다.

출애굽기 18:17을 읽어 보세요.

> "모세의 장인이 그에게 이르되 네가 하는 것이 옳지 못하도다!"

D. 모세의 장인은 드디어 모세의 행동에 대해 옳지 못하다는 판단을 내립니다. 흔히 옳고 그름에 대한 때이른 판단은 사람의 마음을 상하게 하기 쉽습니다. 그리고 더 이상 말하는 사람이 말을 하지 못하도록 입을 닫아 버립니다. 그런데 이드로의 판단이 마음을 상하게 하지 않는 이유는 무엇입니까?

➡ _____

이드로는 모세가 하는 일이 지혜롭지 않다고 판단하였습니다. 그런데 이드로의 판단이 모세나 이스라엘 백성들의 마음을 상하게 하지는 않았습니다. 왜냐하면 그는 워낙 신중했기 때문입니다. 이 판단은 모세의 하는 일을 하루 종일 살피고 또 모세에게 직접 이야기를 들은 후에 마침내 이드로만이 내려줄 수 있었던 중요한 판단입니다.

판단은 신중해야 하고 충분한 경청과 상황 파악을 한 후에야 할 수 있는 것입니다. 그래야 마음이 상하거나 마음의 문을 닫아버리는 일이 없을 것이기 때문입니다.

한편 사무엘상 1장에 등장하는 엘리 제사장은 아들이 없어서 간절히 기도하던 한나의 원통한 사정을 이해하지 못하였습니다. 그 결과 한나를 술 취한 여자로 판단하였고, 꾸중에 충고까지 하였습니다.

사무엘상 1:14을 읽어 보세요.

엘리가 그에게 이르되 네가 언제까지 취하여 있겠느냐 포도주를 끊으라 하니

E. 한나는 정말 포도주에 취하여 있었습니까?
➡ _____

F. 엘리 제사장은 한나의 사정을 알지도 못한 채 판단하고 충고하였습니다. 위의 본문에서 엘리의 설익은 판단은 무엇입니까? 그리고 그 판단에 근거하여 주었던 충고는 무엇입니까?
➡ _____

엘리 제사장은 한나의 사정에는 관심이 없이, 괴로워서 통곡하고 있는 한나를 술 취한 여자로 판단하였습니다. 그 잘못된 판단이 책망과 그릇된 충고 즉 포도주를 끊으라는 지시로 이어졌습니다

결국 한나에 대한 엘리 제사장의 판단과 충고는 엉터리였습니다. 왜냐하면 그는 신중하지 않았기 때문입니다. 그가 한나를 충분히 관찰 했다거나, 혹은 당사자의 이야기를 듣는 과정을 가졌더라면 이런 부끄러운 오류는 범하지 않았을 것입니다. 그는 오직 자신의 피상적인 몇몇 취객의 경험에 비추어 간절히 기도하는 여성을 실족하게 하였습니다.

이렇게 성급한 판단 대신 "혹시 무슨 사정이 있으신가요? 제가 도와 드릴 것은 없

을까요?" 라고 한 마디만 물어 보았더라면 엘리가 한나에게 또 다른 상처를 주는 그런 큰 실수는 피할 수 있었을 것입니다.

사무엘상 1:10-11을 읽어 보세요.
> 한나가 마음이 괴로워서 여호와께 기도하고 통곡하며 서원하여 이르되 만군의 여호와여 만일 주의 여종의 고통을 돌보시고 나를 기억하사 주의 여종을 잊지 아니하시고 주의 여종에게 아들을 주시면 내가 그의 평생에 그를 여호와께 드리고 삭도를 그의 머리에 대지 아니하겠나이다

G. 한나에게는 무슨 사정이 있었습니까?
➡ 
___

소그룹 리더나 소그룹 가족들은 다른 사람의 이야기를 충분히 들은 후에 신중하게 "옳다, 옳지 않다"라고 말할 수 있어야 합니다. 한 사람이 이야기를 시작하자마자 "에이, 그건 집사님이 틀렸어요" 아니면 "그건 당연히 그 사람이 잘못한 거죠!" 라며 말을 가로막고 설익은 판단을 내리는 것은 매우 신중하지 못한 일입니다.

흔히 전문적인 목회 상담을 하는 사람이 보통 한 시간을 상담할 때, 시비를 말하는 중요한 판단은 50분이 지난 다음에 하는 것이 바람직합니다. 물론 시간의 범위를 언제나 정할 수 있는 것은 아니지만 전체 이야기 가운데 언제쯤 판단을 내리는 것이 좋을지 짐작하실 수 있을 것입니다.

이것은 정말 중요하기 때문에 다시 강조합니다. 옳다, 그르다, 맞다, 틀리다의 판단은 한 사람의 상황과 형편을 충—분—히 살핀 후에 매우 신중하게 해야 합니다. 성급한 판단은 대화 자체를 멈추게 하고 말 하는 사람의 마음 문을 꽁꽁 닫아 버리게 합니다.

만일 상대방이 성급하게 판단을 요구한다고 해도, 혹시 나에게서 설 익은 급한 답이 나갈 것이 염려된다면 외려 대답을 하는 것보다 다시 질문을 하는 것도 좋습니다.

한 번은 소그룹 예배를 준비하고 있는 리더에게 알코올 중독에 빠진 한 자매가 비틀거리며 다가와서 질문하였습니다. "하나님은 심판하시는 분이 맞습니까?" 그 리더는 어리둥절한 상태에서 마치 퀴즈를 대답하듯 별 생각 없이 "그럼요" 라고 대답하였습니다. 이 말을 들은 그 자매는 아무 말 없이 다시 비틀거리며 그 자리를 떠나

려 하였습니다. 리더는 그 장면을 보고 당황하였습니다. "내가 뭘 잘못했지?"

아마도 그 자매는 하나님께서 자신에게 벌을 주신다고 느끼며 살았던 것 같습니다. 또한 그녀는 벌 주시는 하나님을 믿는 상담자와 예배하기 싫었던 것 같습니다.

그렇다면 상담자가 그 갑작스런 질문에 대해 어떻게 대처하는 것이 더 바람직했을까요?

"갑작스런 질문이라 제가 어떻게 대답해야 할지 잘 모르겠습니다. 제가 대답하기 전에 혹시, 왜 그런 질문을 하는지 우선 설명해 주시겠어요?"

만일 리더가 그 질문을 하는 의도를 좀 더 깊이 물어 보았다면 좀 더 정확하게 대답하고 설명할 수 있었을 것입니다. 그리고 그 자매도 오해 없이 소그룹 예배에 함께 참석할 수도 있었을 것입니다.

특히 우리 믿는 그리스도인들 사이에는 "믿음이 없어서 그렇다"는 표현을 참 많이도 씁니다. 이것은 매우 신중하지 못하게 이리 저리 휘두르는 무딘 칼과 같습니다. 걸리는 사람이 누구든지 그들의 마음을 상하게 합니다. 특별한 원인을 모르고 고난을 당할 때, 혹은 오랫동안 문제가 반복되기만 하고 해결되지 않을 때, 우리는 너무나 쉽게도 "믿음이 없어서 그렇다"고 판단합니다. 이것은 우리 그리스도인들에게 매우 오래되고 습관이 되어버린 성급한 판단입니다.

특히 이것은 우리 소그룹에서 반드시 버려야 할 말 습관입니다.

모든 사람들은 판단 받는 것에 대해 매우 예민합니다. 그리고 섣부른 판단에 대해 반감을 가지는 경우가 많습니다. 설사 자신이 잘못했다고 해도 사정을 이해하지도 못한 사람에게 판단을 받으면 더욱 반항적인 태도를 취하게 됩니다. 소그룹 대화에서 불필요한 반감을 만들어 낼 필요는 전혀 없습니다.

하지만 오랜 대화를 통해 공감하고 이해를 한 상태에서는 소그룹 리더나 소그룹 가족들이 서로 옳은 것이 무엇인지 이야기해 줄 수 있습니다. 이드로와 같이 충분히 관찰하고, 직접 물어서 대답을 들은 상태에서는 비로소 마음에 있었던 판단과 충고를 해 줄 수 있기 때문입니다.

경청이 우선입니다. 관찰과 이해가 판단보다 반드시 앞서야 합니다. 성급한 판단이나 설익은 충고로는 결코 사람을 바꾸지 못합니다. 인격적인 경청의 절차, 이해의 절차, 관찰의 절차가 판단보다 언제나 앞서 나와야 합니다.

### 토의질문 27.

우리 소그룹에서 추방해야 할 말 습관에는 다음과 같은 것들이 있습니다.
❶ "에이구, 우울증 걸렸구먼. 믿음이 없어 믿음이…"
❷ "믿는 사람이 여름에 모기 물릴까 봐 물파스 들고 다니는 것, 그건 믿음이 없어서 그런 거야!"
❸ "에휴, 시원찮기는…쯔쯧. 아프다고 그 간단한 반찬 하나도 못해 먹어서 교회에서 먹던 걸 달라고 하는 거야?"
❹ "남편 신발이라도 안고 교회 오세요. 늘 그렇게 믿음이 없으니 남편이 아직도 예수를 안 믿는 거에요."
소그룹이나 교회 공동체 안에서 이런 말들, 어떻게 생각하십니까?

### 한 주간 실천사항 1

➡ 병원에 입원한 한 사람을 1:1로 만나서, 반드시 의자에 앉아, 내 이야기는 하지 말고, 귀를 기울여 한 시간 이야기를 들어 주고 오세요.

### 한 주간 실천사항 2

➡ 그 사람의 이야기를 먼저 50분간 말 없이 들어 주세요. 그리고 남은 10분간 내가 듣고 생각한 것을 얘기해 보세요.

## Lesson 14과
# 우리 소그룹은 사랑과 축복으로 이끌어 줍니다.

**주제 1** 진실한 염려와 배려는 우리 소그룹 가족 모두가 갖추어야 할 인격적인 덕목이다.
**주제 2** 충고는 쓴 약과 같아서, 반드시 격려와 축복의 말과 함께 주어야 한다.

### 28. 진실한 사랑은 언제나 통합니다.

몇몇 판단과 제안들을 하면서 이드로는 모세에게 매우 신중한 인격적 태도를 보여 줍니다. 비록 자신의 사위에게 말하는 것이었지만 이드로는 결코 사위의 인격을 아무렇게나 무시하지 않았습니다. "네가 하는 것이 옳지 못하도다"라고 판단하며 방침들을 이야기하기 전에, 이드로는 자신의 따뜻한 관심과 마음을 먼저 확인시켜 줍니다.

출애굽기 18:18을 먼저 읽겠습니다.

> 너와 또 너와 함께 한 이 백성이 필경 기력이 쇠하리니 이 일이 네게 너무 중함이라 네가 혼자 할 수 없으리라

 이드로의 판단과 제안의 이면에는 모세와 백성들에 대한 어떤 우려와 염려가 있었습니까?
➡ _____

이드로의 염려는 사람에 대한 것이었습니다. 사위 모세와 이스라엘 백성들이 더운

광야에서 지쳐서 기력이 쇠할 것을 염려한 것입니다. 모세는 쉬지 않고 재판하느라 기력이 쇠하고, 백성들은 온 종일 서서 자기 차례를 기다리느라 기력이 다할 것을 이드로는 예측하고 염려하고 있습니다.

이드로의 염려는 앞서 이야기한 예수님의 염려와 유사합니다. 인간은 무한하지 않습니다. 하루 종일 쉬지 않고 재판을 하거나, 기다리느라 뜨거운 햇빛 아래에 서 있으면 지치고 탈진합니다. 늙은 제사장 이드로는 인간의 한계를 너그럽게 이해하고, 그리고 염려해주는 사람이었습니다.

비록 "네가 하는 일이 옳지 못하다"는 표현이 매우 강한 것이지만, 그 강한 표현을 유연하고 부드럽게 받아 들이게 하는 것이 이드로의 진심 어린 염려입니다.

"이대로 가다가는 자네도 쓰러지고 백성들도 지칠 것이네! 내가 매우 염려가 된다네."

이 말에 이드로의 진실한 배려의 마음이 실려 있음을 볼 수 있습니다. 이런 진심이 전달될 때 좀 더 받기 힘든 충고나 판단이라도 그리 힘들지 않게 받아들여질 수 있습니다.

마음에 진실한 염려와 걱정이 있다면 반드시 말을 해 주어야 합니다. 말을 하지 않으면 판단이나 충고는 오해를 불러 일으킬 수 있습니다.

가정에서 화를 잘 내는 아버지들의 마음에도 자녀를 사랑하는 지극한 염려와 관심이 있는 것을 볼 수 있습니다. 그런데 대개 자녀들은 아버지에 대해 두려워하고 그저 피하는 데만 익숙합니다. 왜냐하면 그 아버지가 자신의 진실한 염려나 걱정의 마음을 자녀들에게 전달해 주지 않기 때문입니다. 진정한 염려와 사랑이 있다면 그 말을 꼭 전달해 주어야 합니다.

예수께서 굶주린 사람들을 보시고, "나와 함께 있은 시 사흘이내 먹을 것이 없도다. 가다가 기진할까 하노라. 그들 중에는 멀리서 온 사람도 있느니라!"라고 말씀하실 때, 예수님의 속 깊은 배려와 긍휼의 마음이 절절이 느껴집니다.

자신의 사위인 모세를 생각하고, 하루 종일 서서 자기 차례를 기다리는 백성들을 염려하는 이드로의 너그럽고 넓은 마음을 우리는 엿볼 수 있다.

물론 바른 마음을 가졌다고 항상 서로에게 맞는 결과가 생기는 것은 아닙니다. 하지만 따뜻하고 배려하는 사랑의 마음이 있다면 방법의 문제는 서로가 얼마든지 조정하면서 좋은 결과를 가져올 수 있습니다.

그런데 우리는 성급한 마음에 대개 문제를 먼저 해결해 주려고 덤비다 보니, 예수님이나 이드로가 가졌던 따뜻함이 전달되지 않습니다. 부부 사이에서도 "이 문제는 이렇게 풀면 되지 뭐 그렇게 힘들어하고 있어?"라고 쉽게 말을 해버린다면 부부관계의 소통에 많은 어려움이 생길 수 있습니다.

이드로의 판단과 제안은 매우 통찰력 있는 것이었습니다. 그래서 그가 제안한 제도들이 매우 효과적으로 이스라엘 백성들에게 적용이 되었고, 훨씬 효과적으로 백성들을 도와줄 수 있었습니다. 그런데 그 슬기로운 제도가 자리잡기 전에, 그들을 진심으로 염려하고 배려하는 마음을 전달해 준 이드로의 보배롭고 따뜻한 마음이 먼저 있었다는 것을 우리는 꼭 기억할 필요가 있습니다.

어떤 효과적인 제도나 해결책을 찾기 전에, 우리의 소그룹도 한 사람 한 사람에 대한 배려와 염려와 사랑의 마음을 함께 나누는 아름다운 공동체가 되기를 바랍니다.

### 토의질문 28.

우리 소그룹 가족들에 대해 염려가 생깁니까? 그들에 대한 깊은 염려나 배려하는 마음이 있다면 함께 이야기해 보십시다.

### 29. 충고하기 이전에 먼저 축복합니다

이드로는 신중한 정도가 아니라, 한 마디의 제안을 하기 전에 또다시 모세의 마음의 형편을 먼저 살피는 것을 볼 수 있습니다. 한 마디의 충고와 제안을 하기까지 이드로는 다시 하나의 단계를 더 만들어, 의사 소통 이전에 마음의 소통을 하는 것을 볼 수 있습니다.

출애굽기 18:19을 읽어 보겠습니다.

> 이제 내 말을 들으라 내가 네게 방침을 가르치리니 하나님이 너와 함께 계실지로다!

B. 이드로는 아이디어를 제시하면서 우선 모세에게 무엇이라 축복하고 있습니까?
➡

C. 내가 사용하는 나만의 축복의 표현이 있다면 그것은 무엇입니까?
➡ _____

    자신이 가진 아이디어를 제시하면서 이드로는 먼저 모세를 축복하고 있습니다. 하나님께서 모세와 함께 하시기를 축복하는 것입니다. 잠깐이라도 틈이 있으면 이드로는 자신의 따뜻한 마음을 보여 주면서 하나님의 함께 하심을 빌며 축복해 주고 있습니다.
    하나님을 믿는 우리 소그룹 공동체의 모든 가족들이 이드로와 같은 보배로운 마음과 말 습관을 가지고 있었으면 좋겠습니다. 순간 순간 격려와 축복의 말이 습관처럼 나왔으면 참 좋겠습니다. 어떤 조언이나 충고보다 항상 앞서 나와야 하는 것이 바로 격려와 축복입니다.
    우리의 대화에서 우리는 거두절미하고 순식간에 결론을 제시하려고 합니다. 내 아이디어가 떠오르면 이야기를 듣는 사람의 마음은 생각하지도 않고 내 말에 성급해 있습니다. 그러다 보니 너무나 생각 없이 쉽고 편하게 충고하지 않습니까?
"집사님, 이렇게 하세요."
"이건 저렇게 해 보세요!"
"아니, 내가 그렇게 이야기했는데 왜 아직도 안 하셨어요?"
    리더로서, 혹은 먼저 믿는 사람으로서, 소그룹의 가족들을 지도할 때, 얼마나 용건만 간략하게, 충고만 간단히 하는가? 어떤 손쉬운 해결책을 제시하고 속으로 의기양양하면서 나의 만족감을 느끼기 전에, 내 제안을 듣는 사람을 축복하는 습관을 기져야 하겠습니다.
"이 문제로 고민하는 집사님을 보니 바르게 사시려고 하는 모습이 참 아름다워요. 하나님께서 정말 그런 고민 자체를 얼마나 기뻐하실까요?"
"하나님께서 이 문제에 꼭 함께 하셨으면 좋겠어요."
    다른 사람을 축복하는 마음은 보배로운 마음입니다. 진심으로 남에게 복을 비는 사람은 동시에 하나님의 복을 받을만한 사람이기도 합니다.
    충고를 할 수 있는 중요한 시간이 되었고 때가 무르익었지만 이드로처럼 다시 한 번 듣는사람을 배려하고 축복하는 소그룹이 되었으면 좋겠습니다. 조언이나 충고보다 앞서야 할 것은 듣는 사람을 진심으로 축복해 주는 따뜻한 배려의 리더십입니다.

### 토의질문 29.

무례하게 운전하는 사람들에 대해 우리의 반응은 빠르지만, 다른 사람들에 대한 축복은 참 더디게 우리의 입술에 찾아오는 것 같습니다. 나는 어떤 말로 다른 사람을 축복해 줄 수 있습니까?

### 한 주간 실천사항 1

⊃ 힘든 이야기를 하는 분에게 반드시, "정말 힘드셨겠어요!" "지금 좀 괜찮으세요?" 라고 따뜻하게 물어 주세요.

### 한 주간 실천사항 2

⊃ 어떤 말로 충고하기 전, "하나님은 당신을 너무 사랑하십니다. 하나님께서 꼭 축복해 주시기를 바래요" 라고 먼저 말씀해 보세요.

## Lesson 15과 우리 소그룹은 모든 결과를 하나님께 겸손히 맡깁니다.

**주제 1** 성급한 충고는 익지 않은 과일과 같고, 좋은 충고는 신뢰와 확신을 준다.
**주제 2** 적절한 충고란, 하나님께서 허락하셔서 모든 형편이 향상되기를 바라는 겸손한 마음으로 하는 것이다.

### 30. 경우에 합당한 충고는 성령님의 사역입니다.

지혜로운 충고는 크고 좋은 변화를 가져옵니다. 이드로의 진심 어린 제안과 충고는 광야이스라엘에 큰 조직적 변화를 가져왔습니다.

출애굽기 18:21-22을 읽어 보세요.

> 너는 또 온 백성 가운데서 능력 있는 사람들 곧 하나님을 두려워하며 진실하며 불의한 이익을 미워하는 자를 살펴서 백성 위에 세워 천부장과 백부장과 오십부장과 십부장을 삼아 그들이 때를 따라 백성을 재판하게 하라 큰 일은 모두 네게 가져갈 것이요 작은 일은 모두 그들이 스스로 재판할 것이니 그리하면 그들이 너와 함께 담당할 것인즉 일이 네게 쉬우리라

A. 이드로의 제안에는 어떤 내용들이 들어 있었습니까?
➡ _____

이드로의 이 충고는 모세와 백성들의 수고를 크게 덜어 주었습니다. 이드로는 그들의 일을 쉽게 할 수 있도록 만들어 주었습니다. 이제 더 이상 대소사의 모든 일들을 모세 혼자서 처리하지 않아도 되었습니다. 천부장, 백부장들이 생겨서 백성들을 섬기고, 오직 모세는 그들이 해결하지 못하는 큰 일을 담당하였습니다.

좋은 충고는 새로 믿음을 가진 사람들의 삶에 참 좋은 변화들을 일으킵니다. 일을 더욱 효율적으로 하게 하고 또 마음의 편안함을 가져 옵니다.

자라나는 자녀들이나 새로 믿는 분들에게는 인도자들의 적절한 충고가 요긴하게 필요합니다. 가르치거나 전하는 사람이 없으면 좋은 소식, 좋은 충고를 들을 수 없습니다.

잠언 25:11을 읽어 보세요.

경우에 합당한 말은 아로새긴 은 쟁반의 금사과니라

B. 이드로의 제안이 경우에 합당한 이유는 무엇입니까?
➡

이드로의 제안을 통해 모세는 자기 혼자서 권력이나 의무를 독차지하지 않고 백성의 지도자들과 함께 나누게 되었습니다. 마침내 백성을 섬기는 일이 훨씬 효율적으로 이루어지게 되었고, 모두에게 평안한 안식이 찾아왔습니다. 소그룹이나 혹은 가족들 사이에서 지나치게 많은 의무를 맡고 있는 사람들에게는 그 짐을 함께 나누어질 사람이 필요합니다.

하지만 성급한 충고나 제안은 아직 익지 않은 과일을 따는 것과 같습니다. 그러므로 유익한 충고를 하기 전에 마음과 마음의 소통을 먼저 확인해야 합니다. 설익은 충고는 마음의 문을 닫고 서로에 대한 신뢰를 흔들어 놓습니다. 반드시 먼저 충분히 듣고 사연을 확인해야 합니다.

잠언 18:13을 읽으세요.

사연을 듣기 전에 대답하는 자는 미련하여 욕을 당하느니라

C. 사연을 듣기 전에 대답하면 왜 수치를 당하게 될까요?
➡

윌리엄 펜(1644-1718)은 귀족 출신으로 신분상 칼을 차고 다니는 사람이었습니다. 그가 예수를 믿고, 전쟁과 신분의 상징인 칼에 대해 고민을 하게 되었습니다. 그의 멘토였던 퀘이커 지도자 조지 팍스 (George Fox)는 윌리엄에게 다음과 같이 충고하였습니다.

"칼을 차고 다닐 수 있을 때까지는 차고 다니게, 윌리엄. 차고 싶을 때까지 차고 다니란 말일세."

비록 평화와 평등을 가르치는 지도자였지만 그는 무조건적인 복종보다는 성령께서 감동하셔서 스스로 필요를 느껴서 결정할 때까지 서두르지 않았습니다. 따라서 새로운 가족들이 어떤 차를 타든, 어떤 집에 살든, 그리스도 이외의 선택에 대해서 스스로 선택할 수 있는 자유를 주어야 합니다. 신학자 칼빈도 이와 비슷한 말을 하였습니다. 칼빈에 대한 다음의 글을 읽어보세요.

> "자신들이 바르게 행위할 수는 있지만, "그것이 마치 규칙이나 되는 것처럼, 다른 사람들에게 자기들의 행위 양식을 따르도록 압력을 가해서는 안된다"고 Calvin은 생각했다…"다른 사람들이 무엇을 해야 하는지를 성급하게 명령해서는 안 된다. 왜냐하면 우리에게 옳고 우리의 의무를 수행하는데 도움이 된다고 여겨 우리가 따르는 것을 하나의 규칙으로 다른 사람들에게 규정해버리는 것은 대단히 오만하고 전제적인 일이 되어버릴 것이기 때문이다."
> (Bouwsma, John Calvin, 450)

D. 내 경험상 옳다고 생각하는 것을 다른 사람에게 규칙으로 적용하는 것은 왜 오만한 일입니까?

➡ _____

내가 옳다고 생각하는 것을 제안할 수는 있지만, 그것을 규칙인양 규정해서 다른 사람에게 일방적으로 요청하는 것은 오만한 일입니다. 우리의 충고는 강요가 아닌 감동으로, 결과보다는 마음과 마음의 소통이 우선이어야 합니다.

어떤 충고든 강요된 분위기에서가 아니라, 상대방이 자유와 평화 가운데 자발적으로 선택할 수 있는 것이어야 합니다. 그리고 적절하지 않은 충고를 했다고 생각될 때는 언제든지 물러설 수 있어야 합니다. 그래야 성령님의 역사가 돋보이고, 우리 인간은 보조적인 역할을 하게 되기 때문입니다.

**토의질문 30**

지금까지 지내오면서 내게 적절했던 충고와 나에게 적절하지 않았던 충고에 대해 이야기해 봅시다.

## 31. 이제 겸손히 하나님께 맡깁니다

상담적 리더십의 마무리는 하나님 앞에서의 겸손한 태도와 믿음입니다. 이드로는 지혜로운 사람으로서 자신의 최선의 지혜로 모세와 이스라엘 백성들을 위한 새로운 제안을 해 주었습니다. 그런 후 자신의 뜻이 아닌 하나님의 뜻이 이루어지기를 소원하고 있습니다.

출애굽기 18:23을 읽으세요.

> 네가 만일 이 일을 하고 하나님께서도 네게 허락하시면 네가 이 일을 감당하고, 이 모든 백성도 자기 곳으로 평안히 가리라!

E. 이드로는 자신의 제안이 어떤 조건에서 이루어지리라 말하고 있습니까? 여기에서 모세와 하나님의 역할은 각각 무엇입니까?

➡ _____

이드로가 지혜로운 충고를 한 이후에 이런 일들이 저절로 이루어지지 않았습니다. 이드로는 이 일이 이루어지기 위해 모세와 하나님의 편에서 각각 어떤 조건이 충족되어야 한다고 말하고 있습니다.
첫째, 이 일이 모세의 마음에 맞아서 모세가 이드로의 지혜로운 충고를 따를 마음을 가지고 실행할 때 이 일은 가능합니다. 둘째는 하나님께서 모세에게 그것을 허락하셔야 합니다.
여기에서 우리는 지혜로운 이드로의 겸손함을 엿볼 수 있습니다.

첫째, 이드로는 자신이 완벽하고 지혜로운 방책을 내었다고 해서 그것을 자신의 사위 모세에게 결코 강요하지 않습니다. 그 대신 모세의 마음의 동의를 기다리고 있습니다.

"네가 만일 이 일을 하고…."

이드로는 그것을 알고 모세의 입장을 존중해 주고 있습니다. 모든 상담과 충고를 실행하는 것은 듣는 사람이 자율적으로 결정하는 것입니다. 좋은 충고를 해 줄 수는 있지만 그것을 행하는 것은 듣는 사람 자신의 마음이 움직여야 하기 때문입니다.

이드로의 이런 모습은 우리가 서로에게 충고나 조언을 해 준 다음 취해야 할 태도가 무엇인지 알게 해 줍니다. 어떤 사람이든 자신의 경험이나 지혜가 옳다고 남에게 강요하거나 그러지 않았다고 책망할 수 없다는 것입니다. 강요가 아니라 따뜻한 감동이 필요합니다.

다행히 모세는 장인 이드로의 말을 듣고 자기 장인이 떠나기 전에 그 새로운 제도를 시행하였습니다.

출애굽기 18:24-27을 읽겠습니다.

> 이에 모세가 자기 장인의 말을 듣고 그 모든 말대로 하여 모세가 이스라엘 무리 중에서 능력 있는 사람들을 택하여 그들을 백성의 우두머리 곧 천부장과 백부장과 오십부장과 십부장을 삼으매 그들이 때를 따라 백성을 재판하되 어려운 일은 모세에게 가져오고 모든 작은 일은 스스로 재판하더라 모세가 그의 장인을 보내니 그가 자기 땅으로 가니라

효과적인 상담과 충고는 따뜻한 마음의 합의와 존중 가운데 비로소 꽃을 피울 수 있습니다. 이드로의 존중과 모세의 진지한 수용이 광야 이스라엘 백성들의 생활에 큰 변화를 가져온 것입니다.

둘째, 동시에 우리가 아무리 좋은 상담자, 혹은 소그룹 리더라 하더라도 하나님께서 허락하셔야만 변화는 일어날 수 있습니다. 이드로는 신중한 충고 이후에 오직 하나님께서 허락하셔야만 삶의 중요한 변화가 가능하다는 것을 알고 겸손한 자세를 취합니다. 우리의 모든 사역은 하나님 앞에서 겸손한 사역이어야 합니다. 선한 영향력을 미치고, 또 따뜻하고 사랑하는 마음을 지혜롭게 조언해야 합니다. 하지만 그 결과는 온전히 하나님께 맡겨야 합니다.

그것은 마음의 태도만을 가리키지 않습니다.

마음가짐이 바르다고 다 된 것이 아닙니다.

우리의 말도 하나님 앞에서 겸손해야 합니다. 오직 하나님께서 허락하시고 기뻐하시면 모든 일들이 신실하게 실행될 수 있습니다.

그것이 우리의 말 습관에서도 나타나야 합니다. 하나님이 주어가 되고, 하나님이 우선되어야 합니다. 우리의 말 습관에 대해 가르치는 중요한 말씀 가운데 하나가 야고보서 4:15입니다.

야고보서 4:15을 읽어 보세요.

> 너희가 도리어 말하기를 주의 뜻이면 우리가 살기도 하고 이것이나 저것을 하리라 할 것이어늘

**F.** 위의 구절에 따르면 하나님 앞에서 우리는 하나님 앞에서 어떤 겸손한 말 습관을 가질 수 있습니까?

➡ _____

우리는 내일 무슨 일이 우리에게 일어날지도 모르는 연약한 사람들입니다. 그러므로 우리는 내일의 주인이신 하나님을 인정하는 말 습관을 우선 가져야 합니다. "오직 주께서 기뻐하시는 뜻이라면" 우리가 이것도 하고 저것도 할 수 있기 때문입니다.

더구나 소그룹의 대화를 통해 이런 저런 좋은 변화를 기대할 때도 "오직 하나님께서 기뻐하시면 그 일들이 일어날 것" 이라고 말할 수 있어야 합니다.

이드로는 이스라엘의 체제를 새롭게 정비하는 천부장, 백부장, 오십부장, 십부장의 제도를 제안하고 나서, 오직 하나님께서 허락하시면 그런 제도가 세워질 수 있으리라 말을 합니다. 하나님께서 모세에게 기쁜 마음을 주셔서 이스라엘에 새로운 제도가 시작되었습니다.

### 토의질문 31-1.

우리는 강요 대신 서로를 감동시키는 소그룹을 만들어 가야 합니다. 그렇지만 나의 충고가 상대에게 먹히지 않았다고 생각하면 자존심이 상하게 됩니다. 내가 말한 대로 하

지 않아서 일이 잘못되었다면 안타깝고 화가 나기도 합니다. 하지만 좋은 이야기라 하더라도 상대방의 마음이 우선입니다. 그 자신이 마음으로 동의를 해야만 합니다. 나는 너무나 확실한데 듣는 사람이 확신이 없어 보일 때 우리는 어떤 태도를 가져야 할까요?

### 토의질문 31-2.

하나님께서 기뻐하셔서 우리 소그룹에서 꼭 일어났으면 하는 변화는 어떤 것들입니까?

### 한 주간 실천사항 1

➡ 일주일의 생활 가운데, 내 경험으로 옳다고 믿은 것을 가족이나 이웃에게 강요하는 것이 무엇인지 한 가지만 생각하고 반성해 보세요.

### 한 주간 실천사항 2

➡ 중요한 대화나 충고를 하면서, "하나님께서 허락하시면 잘 감당할 수 있을 거에요" 라는 말을 꼭 덧붙여 주세요.

| | |
|---|---|
| 초판 발행 | 2013년 11월 26일 |
| 초판 3쇄 | 2023년 10월 30일 |
| 지은이 | 하재성 |
| 펴낸곳 | 도서출판 생명의 양식 |
| 주소 | 서울특별시 서초구 고무래로 10-5 (반포동) |
| 전화 | (02)592-0986 |
| 팩스 | (02)595-7821 |
| 홈페이지 | www.qtland.com |
| 디자인 | 김혜연 |

ISBN 978-89-88618-66-0  03230

값 8,000원

이 책은 저작권법에 의해 보호를 받는 출판물입니다.
본 책에 기록된 내용은 저자 허락이 없이는 무단 전제와 무단 복제를 금합니다.

이 도서의 국립중앙도서관 출판시도서목록(CIP)은 서지정보유통지원시스템 홈페이지(http://seoji.nl.go.kr)와
국가자료공동목록시스템(http://www.nl.go.kr/kolisnet)에서 이용하실 수 있습니다. (CIP제어번호: CIP2013023945)